リピート率9割を超える小さなサロンが贈る

New Standard Store Management

どんな時代にもお客様の心をつかむ

「揺るがない経営」

向井邦雄

同文舘出版

はじめに

新しくサロンを開業する人が増えています。

新型コロナウイルスや不況などの影響もあり、就職に困った方や職を失った方が手に職をつけ、新たな道へと踏み出しているのです。

また、時代の変化により苦境に立たされ、懸命に新しい道を模索しはじめているサロンや飲食店の方も多くいらっしゃいます。

あなたもそのおひとりでしょうか？

こんにちは。本書を手に取ってくださり、ありがとうございます。向井邦雄と申します。

私も15年前、夫婦で小さなサロンを開業へと踏み出したひとりです。当初は苦労をしたものの、さまざまな試行錯誤によって軌道に乗せ、売上は当時の20倍以上。現在も、コロナ禍の中でも前年超えで売上を伸ばし続けています。

10年ほど前に1冊目のサロン経営書を出版したことを機に、自サロンを経営しながら多くの店の経営支援やセミナーなどをさせていただいています。

1500以上のサロンさんを10年にわたって見守らせていただく中、ここ1年ほどで大きな変化がありました。世界的な大災害と経済ダメージ。営業の自粛や集客難により、悲しいことに店をたたまざるを得ない方も何人か見てきました。

大きな志と希望を抱いて開いた店。それをつぶしてしまわなければならないという決断は、とても悲しいことです。同じ志を持つ経営者として、私もとても苦しい気持ちになります。

一方、そんな状況の中でも、私がアドバイスをさせていただいた店の多くは、しっかりと経営を継続し、中には着実に売上を伸ばしている方もいらっしゃいます。

このたび、私が本書を書かせていただこうと思ったきっかけ、それは、こんな時代でもサロンや飲食店が生き抜いていく術はあるということ。いや、むしろこんな時代だからこそ、本当の意味でお客様との関係性を深め、幸せな経営ができるようになるのだということ。それをお伝えし、業界全体を発展させていきたいと思ったからです。

私がこれから書く内容は、売上を上げる魔法ではありません。小手先のテクニックや、人をだます手法でもありません。どんな時代の中でも揺れ動かない心のあり方と、お客様との関係性の深め方。あなたが幸せになりながら、あなたのお客様も幸せにしていく、「新しくも普遍的な経営メソッド」なのです。

事例はサロンが多いですが、飲食店やアパレルなど、同じように店舗を構え、お客様と向き合う多くの業種の方にも役立つことは多いでしょう。

つらい悲劇を明るい未来に変えるために。私の小さなエールが、あなたの大きな幸せにつながれば幸いです。

ぜひ最後までじっくりとお読みください。

リピート率9割を超える小さなサロンが贈る
どんな時代にもお客様の心をつかむ「揺るがない経営」

目次

PART 2
スモール化　減らすことで増えるものもある

PART 3

スピード化 小さな店舗だけが持っている武器

PART 4

NO密＆濃密化 密を避けなければならない時代だからこそ

PART 5

無敵化・協調化　ステキな店がムテキになる

PART 6

無類化・普遍化　時代に流されない店になる

PART 7

客単価を10倍に上げてきた20の方法

PART 8

それでも危機はやってくる
数々のピンチをチャンスに変えた実例

PART 9

これからの時代の心のあり方

Epilogue

今日がはじまり

おわりに

カバーデザイン　高橋明香（おかっぱ製作所）
本文デザイン・DTP　マーリンクレイン

Prologue

サロン経営の
“今とむかし”

サロン経営とは何か

あなたが今行なっている、あるいはこれから踏み出そうとしているサロン経営。それはいったいどんなものでしょう?

エステサロン、アロマサロン、ネイルや理美容室、整体院、鍼灸院など、サロンと呼ばれるものには多くの種類があります。

もともとサロンという言葉には、「客間・応接室」という意味や「社交的集会」という意味があり、最近では「オンラインサロン」などという言葉もよく聞かれるようになりました。

本書でいうサロンとは、お客様に施術などのサービスを提供する施設(店)のことを指します。

サロンにも全国展開の大きなサロンから自宅の一室で行なう個人サロンまでさまざま

ですが、ここ10年ほどは個人規模の小さなサロンが増えてきています。飲食店などに比べて初期費用や設備投資はそれほどかからず、食材や資材ロスなどの心配もないため、個人でも参入しやすい業種と言えます。

ただ、気軽にはじめられる分、なかなか経営が思うようにいかず、苦戦されている方が多いのもまた事実です。家族が生計を立てている中での小遣い稼ぎ程度ならまだしも、それだけで独り立ちしようと思ったら、しっかりと経営を成り立たせる必要があります。

あなたのサロンのこれからのために

サロンの業種業態は何であれ、経営を成り立たせるためには、「お客様」がいなければはじまりません。

お客様にサービスを提供し対価をいただく。これが「売上」です。売上が経費よりも多ければ黒字となり、店を存続させることができます。

諸説ありますが、開業したサロンが1年間存続できる確率は、40%ほどしかないと言われています（私は、実際はもう少し多いと思います）。

「勝ち組・負け組」という言葉を、私はあまり好きではありませんが、あなたの店がこれから末永く存続し、お客様に愛され続けていくために、やはり今のうちにしっかりと、経営について知っておく必要があるでしょう。

サロン経営とは、「サロンの命をつなぐこと」なのです。

むかしはよかった?

「あの頃は広告を打つだけでお客様がバンバン来て、それほど苦労しなくてもサロンは繁盛した」

このようにおっしゃる経営歴の長いサロンオーナーがいらっしゃいました。あの頃とは、20年から30年ほど前のことでしょうか。私がサロンを開業したのが15年ほど前なので、その方がおっしゃる「あの頃」のことはあまり知りません。全国的にまだサロンの数も少なく、競争率も激しくなかったので経営は右肩上がりだったそうです。

特に30年ほど前のバブル期には、女性の社会進出と共に、エステティックサロン業界が一気に拡大していった時期でした。

その後バブルの崩壊、そして２００８年のリーマンショックを経て、エステもサロン業界も徐々に集客が厳しくなり衰退していったと言われています。

たしかに現在、チラシや広告などの反応率（集客につながる割合）は大幅に低くなっています。

むかしのやり方ではお客様は来てくださらない。だからむかしはよかった……。

果たして、本当にそうなのでしょうか。

衰退の先に見えたもの

たとえば30年前のバブル期、急速に需要が拡大する中、悪質なサロンも増え、消費者とのトラブルも絶えなかったと聞きます。そのためエステティック業界の信用度は低く、「エステ＝悪」というイメージすらありました。

私が開業した当初でさえ、クレジット決済の審査も通りにくく手数料も高い、銀行の融資も通りにくいなど、業界の社会的地位はとても低かった記憶があります。その後、法改正や資格制度の導入、業界内部の努力により、業界のイメージは徐々によくなっています。

とはいえ、以前よりも集客がしにくく衰退期と言われる今の時代。だからといって今が悪いというわけではありません。サロンはお客様の安心できる場所になりつつある。確実に業界はよくなりつつある。あとはその中で私たちがどうするか、それだけなのです。

そしてもうひとつ、業界のイメージがよくなった理由。それは、あなたのような健全な「小さなサロン」が増えていったからだと、私は考えています。

紙の裏に描いた餅

前項の文章を書いていて、私は少しはっとしました。私のサロンの開業は2006年。リーマンショックの2年前です。

「あんなに入客がなくて苦労した開業時は、まだリーマンショック前だったのか」と。

開業当初、まだ経営に苦しんでいた私は、毎日14時間、定休日もなく、年間360日以上働き通しでした。家に帰っても疲れ果てて眠るだけ。テレビやニュースを見る暇もなく、リーマンショックのこともよく知りませんでした。「外国の遠いところの話だ」くらいにしか思っていなかったのです。

そして面白いことに、私のサロンの売上が劇的に伸びていったのが開業から2年後、つまりこのリーマンショックの直後だったのです。

バブルの時代も知らない。リーマンショックのことも知らない。社会情勢のことも知らないなんて、経営者として恥ずかしいことかもしれません。でも、もしかしたら、知らなかったからこそうまくいったのかもしれない。今になってそう思います。なぜなら……。

お客様は誰か？

考えてみてください。私たち小さなサロンのお客様は、世界中の人でしょうか？　何千、何万、何億という人数のお客様でしょうか？

そうではないはずです。私たちが向き合っているのは、目の前の数十名から数百名のお客様。手が届く、心が触れ合える人数のお客様だけです。

もちろん、世の中の情勢がまったく関係ないわけではないでしょう。どこかに波紋は広がっていると思います。でも、それ以上に大切なのは、「ひとりのお客様との関係性の深さ」。その数少ないお客様との関係性さえしっかりと保っていければサロンは成り立っていくのです。

〝絵に描いた餅〟は、食べることができません。そこに憧れうらやんでも、何も解決はしません。だったらその紙を裏返してしまえばいいのです。そうすれば餅は見えない。見えてくるのは目の前のお客様だけ。

そこにこそ、本当のサロン繁盛の答えは描かれているのです。

突然の悲劇

私のサロンがやっと軌道に乗り、世の中の景気に逆行してどんどん発展していっているとき、ある悲劇が起こりました。3・11東日本大震災。

被災地の方々の被害は計り知れないものですが、遠く離れた私のサロンにも大きな影響がありました。電車も止まり交通機関がマヒする中、8時間かけて車でお客様をご自宅までお送りしたことを思い出します。

「エステは贅沢産業」

悲劇はそれだけにとどまりませんでした。

電力不足による輪番停電により、いつ電気が使えなくなるかわからない中での営業。買い占めによる物不足。何よりもっとも大きかったのが、「こんなときにエステなんて行っていいのかしら」というお客様の相次ぐキャンセルでした。

エステは「贅沢産業」と言われています。世の中が大変な状況で自粛している中、自分だけエステに行って贅沢するなんて心苦しいという思いから、びっしり埋まっていた予約のほとんどがキャンセルとなってしまったのです。

しばらくはそれも当然だと思っていました。私自身も、営業よりも先に被災された方への支援に力を注いでいました。でもさすがにそれが10日も続くと、経営も苦しくなり危機感と恐怖を感じはじめたのです。

心を動かした涙のメール

その日私は泣きながらメールを書きました。おひとりおひとりに心を込めて、地震の恐怖や自粛に苦しんでいるお客様に、「エステは贅沢なんかじゃない」「こんな苦しい時だからこそ心からの癒しが必要なんだ」と。

結果、それからぴたりとキャンセルはなくなって経営危機を脱し、徐々に世の中も復興ムードに変わっていきました。

「思いは伝わる」

本気で向き合ったお客様は世の中の流れに左右されることなく、確実に心は伝わっていくのだと思えた瞬間でした。それからさらに私のサロンは業績を伸ばし、書籍の出版やセミナー業、オリジナル商品の開発にも事業を拡げ、順調に発展していったのでした。

ところが、悲劇・苦難はこれだけにとどまらなかったのです。

これから何をするべきか？

順調に行きはじめたと思った矢先の大震災。何とかそれを乗り越えたと思ったのも束の間、その後も、自分の病気や豪雨による浸水など、次々と困難は襲ってきました。

いつまで経っても安泰というものなどないのだなと、その都度気持ちを引き締め、その都度お客様と向き合いながら手さぐりで進む日々。

そして2020年、新型コロナウイルス感染拡大。

テレビをつけると、まるでパニック映画の一場面のような衝撃的な映像が流れてきます。「緊急事態宣言」「未曽有の惨事」「リーマンショック以上の経済的ダメージ」。マスクや消毒液などの売り切れが続出し、感染拡大防止のため、私のサロンも2ヶ月間、休業を余儀なくされました。

コロナ禍でのサロンの1年

しかし、結論から言うと、営業再開から1年間、私のサロンはずっと月間売上が前年を超え続けています（しかも、2020年8月には、14年間の過去最高売上も達成しました）。

コロナ禍での売上更新。いったい何をしてきたのか？　それこそがこれまで書いてきた「お客様とのつながり」の結果であり、これから書いていく本書のメインテーマとなります。それは何も、コロナ禍に限ったことではありません。本書はコロナ対策の本ではありません。私にとって新型コロナウイルスは、数々の困難のうちのひとつに過ぎないからです。

ここからがはじまり

ひとつだけはっきりと言えることがあります。

経営には決して安泰はないということ。

これからも大小さまざまな試練や困難が、私のサロンにもあなたのサロンにも訪れることでしょう。もしかしたら新型コロナよりも大きな悲劇が起こるかもしれません。

でも大丈夫。それを乗り越える術は必ずあります。その術は、あなたにとってまったく新しい考え方かもしれませんし、あなたにとって変わらぬ本質かもしれません。どちらにせよ、これからのサロンにとってもっとも大切な「普遍的な経営術」となっていくことでしょう。

いよいよ、その具体策を書いた本編です。深呼吸してページをめくってください。

PART 1

多様化

危機に倒れない経営の形とは

リスクを減らすために必要なこと

「我々は職人だ！　職人は技術を売る仕事だ。職人が『物売り』になってはならない」
ある業界の上層部の方とお話したときに聞いた衝撃的な言葉です。

私のサロンはもともと夫婦ではじめ、施術は妻が行なっていたため、私はまったく技術を持っていません。ですから、技術者にとても憧れつつも、なかなか技術者の心がわからずにいました。技術者の視点と経営者の視点の違いで、開業時はよく揉めたものです。

ある日、経営に行き詰まり、どうしようもなくなったとき、私たち夫婦はお互いに一歩ずつ歩み寄るようにしました。お互いの「こだわり」を捨てたのです。

正確には、こだわりを捨てたのではなく、もっと先の別のものにこだわるようにしたのです。

技術者としての技術に対するこだわり。

経営者としての経営に対するこだわり。

それは素晴らしいものです。なくてはならないものです。でも、本当にこだわらなければならないものは何なのか？　それをとことん追求しました。

その結果どうなったか？　こだわりを捨てる前には見えなかったものが見えてきました。もっと言えば「以前は想像もできなかった未来が見えるようになった」のです。

冒頭にあげた業界。歴史も古く伝統ある技術職でありながら、残念なことに現在は衰退産業と言われています。技術にこだわることは素晴らしいことなのに、世の中には合わなくなってしまっている。それが現実です。こだわりそのものが、発展の妨げになることもあるのです。

発展へのカギとなるもの

「自分の店はこうでなければならない」そんなこだわりをきっと読者の皆様もお持ちでしょう。それはとても素晴らしいものです。でも、それがリスクにつながることもある。それを回避するために必要なのは「柔軟性」です。

私のサロンが技術や経営ではなく、どこにこだわったのか？　その答えは、技術よりももっと先にあるもの、「お客様の喜び」でした。目の前のこだわりではなく、もっと先にある本質の部分。そこにこだわることにより柔軟性が生まれたのです。

その柔軟性こそが、本書の、そしてこれからの時代の重要なカギになります。

Part1

入り口を増やす

「昼間、弁当を売って何とか食いつないでいます」

テレビでコロナ禍の街頭インタビューに答えていた飲食店オーナーのそんな話を聞いたとき、何ともいたたまれない気持ちになりました。私もサロンの経営が苦しかったとき、少しでも売上の足しにしようと弁当を売っていた時代があったからです（結果は散々なものでした）。

複数の収入源をつくっておく

私のまわりのサロンさんでも、苦しい経営を補うためにアルバイトをしたりパートで働いたりして別の収入を得ている人が何人かいました。方法はどうあれ、収入源が複数あるということはいざというときの安心材料になります。

私も現在は、サロン経営の他にセミナー事業や化粧品の卸など複数の収入源があり、有事の際にも対応が取りやすく、安定した経営が図れています。もともと技術にこだわり役務一本だったものを、こだわる場所を「お客様の喜び」に変え、物販にも力を入れた時点で経営は大きく安定しました。今では物販の割合が売上全体の7割以上になっているため、営業自粛の際も大きく売上が確保できたのです。

何が起こるかわからないこれからの時代、サロン経営においてもいくつかの収入源、すなわち「売上の入り口」をつくっておくことはとても重要なことです。

ただし、できることなら本業からかけ離れたものではなく、物販やサロン講師など、相乗効果になるものが望ましいでしょう。

また、せっかく経営者としての一歩を踏み出したのですから、役務以外の収入源も、パートやアルバイトなど労働者としてではなく、経営者としてできることを探したほうが賢明です。

大切なのは心のあり方

もうひとつ、大事なことがあります。

本業とは別の収入源をつくるとしても、決して片手間でやるのではなく、本気で行なうこと。さらに言えば、「楽しみながら行なうこと」です。

「やらなければいけない」というマイナスな気持ちではなく、「これはチャンスだ！」というプラスの気持ちでワクワクしながら取り組むことにより、成功する確率が格段に上がります。

私自身、十数年前の弁当売りの際、もしも「仕方ない」という気持ちでなく、ワクワクしながらプラスの気持ちで行なっていたら……、もしかしたら別の未来があったかもしれません。

入り口を増やす Part2

サロン経営を安定させ、いざというときに困らないために、売上の入り口を増やしておくとよいという話をしましたが、これは売上だけに言えることではありません。サロン経営の肝となる「集客」についても同じことが当てはまります。

集客をひとつに頼らない

現在、大多数のサロンさんはクーポンサイトを活用して集客を行なっています。私が一作目の著書を出した10年前と違って、今はクーポンサイトもひどい安売り集客がなくなり、良質になってきていますし、ネット検索で店を探すお客様が増えた昨今、大手クーポンサイトは検索という面においても重要な役割を担うようになってきました。

しかし、それだけに頼り切ってしまうのも考えものです。

新型コロナの緊急事態宣言の中、サロン休業中も広告掲載費がかかり困ってしまったという声を多く聞きました（業者によっては割引などの対応をしてくれたところもあったそうです）。休業が明けたあとも、クーポンサイトからの集客が激減し、悲鳴を上げていた方も多くいらっしゃいます。

ひとつの集客方法に頼っていると、当然そこからの集客がなくなれば集客はゼロ。多大な損害を被ることになります。

そうならないために、ふだんから集客の入り口を増やしておく必要があります。たとえばリスティング広告などの成果課金型の集客は、休業の際や予約が入らなかった際にもコストを最低限に抑えることができます。それ以外にも、口コミ紹介や店頭のチラシの充実、新規客だけではなく常連様や休眠客への働きかけも、別の形の集客方法と呼ぶことができます。

時代は日々進化し、集客法も新しいものが生まれていますので、常にアンテナを張っておくとよいでしょう。

予約の入り口をキレイに

また、基本的なことですが、お客様の予約の入り口（予約の取り方）も大切です。電話受付だけなんてもってのほか、メール、LINE、ホームページ、予約サイトなど、複数の予約の入り口をつくり、入りやすく間口を広げておくことで、さまざまなタイプのお客様が入ってきやすくなります。すなわち、予約が入る可能性が上がるということです。

もっとも倒れにくい形とは

複数の収入源・入り口という面で、もう少し掘り下げて話をしましょう。

1本の棒を地面に立てようと思っても、なかなか立てることはできません。二本でもまだ難しい。三本まで増えてやっと大地に立つことができます。

また、絵画に詳しい方はわかると思いますが、絵を描く際の安定した構図は三角形だと言われています。ダヴィンチの「モナリザ」や、ボッティチェッリの「ヴィーナスの誕生」などが有名です。

さらに、ピラミッドの形も横から見ると三角形ですね。あの三角錐は数学的にも深い意味があると言われていますが、積み上げやすく崩壊しにくいためにあの形が残っていったそうです。

このように、「三角形は安定していて倒れにくい」という法則は、サロン経営にも当てはまると思います。ひとつの入り口よりも2つ。2つよりも3つ。数が増えるごとに安定していきますが、逆に増やし過ぎてもまた安定性がなくなる。実際、私もたくさんのことに手をかけ過ぎて管理が行き届かなくなり、逆に売上が下がったりピンチに陥ってしまったりしたこともありました。

必ずしも3つが正解というわけではないですが、売上も集客も複数の入り口があったほうが安定しやすく、多過ぎてもまた管理し切れなくなるということを覚えておくとよいでしょう。

チャレンジはよいことなれど

ときどき、何でもかんでもチャレンジするという意欲旺盛な方がいらっしゃいますが、それをこなせるエネルギーをお持ちならまだしも、多くの場合、一つひとつの力が分散して弱まってしまいます。さらにはもっと怖いのが、ベクトル（方向性）がズレることによってそれぞれを打ち消し合ってしまうことです。

たくさんの勉強会に参加しているにもかかわらず逆に経営が悪化してしまう人をたまに見かけませんか？　まさにそれです。

もしも数を増やし過ぎてしまった場合の対処法はＰＡＲＴ２で述べますが、次項では多様化することの注意点について、もう少し詳しく書いていきます。

多様化の注意点

多様化というのは「様式・傾向が、さまざまに分かれること」を言います。時代の流れや、お客様の求めるものの変化に合わせて形や方向性を変え、多様性を持たせる。「お客様のニーズに合わせる」という言葉と近いものだと思ってください。

ニーズに合わせない

この「お客様のニーズに合わせる」という言葉、よく耳にしますし、とても立派な言葉だと思うのですが、この言葉は大企業や大きな店だからこそ当てはまる言葉です。

お客様にもさまざまな方がいらっしゃいます。さまざまなニーズがあります。そのすべてに合わせようとすれば、多大な労力と費用がかかります。資金力や知名度のある大きなサロンなら対応できるかもしれませんが、私たち小さなサロンにはとても対応しきれるものではありません。三角形の角がどんどん増えていき、円になって転がっていくようなものです。

「強めのトリートメントが好き」とおっしゃる方もいれば、「優しめが好き」という方もいらっしゃいます。これぐらいであれば対応できるでしょう。

「静かなバックミュージックが好き」という方と、「ノリノリの明るい音楽が好き」という方……。少し対応が難しくなってきました。

「かわいらしい内装が好き」「高級感のある内装がいい」「アンティークな店がいい」「古民家とかいいよね」、ここまでいくと、すべてに合わせるのは不可能でしょう。

見えていないニーズもある

あくまでわかりやすい例で書いていますが、それではたとえば、「安くて気軽に通える店がいい」というニーズはどうでしょう？　そこに応えようとするサロンはたくさんあります。ところがもしも、それとは真逆のニーズがあったとしたら……？

多様化するたくさんのニーズに応えていくことは困難であり、間違ったニーズに合わせても経営は苦しくなります。あなたのサロンが正しい方向に多様性を持たせ柔軟性を持つにはどうすればいいでしょうか？

次項でその答えを探っていきます。

ヒントはすぐそばにある

「私は儲けやお金のためにサロンをやっているのではありません」

かつて、私のまわりにもそのような方が何名かいらっしゃいました。それはその方の信念ですから、私がとやかく言うことでもないし、否定するつもりもありません。しかし、あれから数年。特にコロナ禍に入り、いくつかのサロンを見かけなくなってしまったのも現実です。

「安いほうがいい」「高いサロンは嫌だ」というニーズがあります。私も整体やサロンを利用しますが、安いほうが行きやすいと感じます。しかし、心の奥底を探ってみると、安い店を利用したときよりも高い店を利用したときのほうが、大きな満足感を得ている自分がいます。

サロンを救った「本物のお客様」

開業した当初は私も、当時のお客様（クーポン誌で来られたお客様）の「安いのが魅力ね」という言葉を真に受け、とにかく利益度外視で経営をしていました。やがて経営に苦しみ、つぶそうかどうか悩んでいるとき、別の常連様からいただいた「こんなに安くて大丈夫なの？　この店がなくなったら私が困るから、ちゃんと利益を取ってね」という言葉に、雷に打たれた気がしました。

安いことを喜ぶお客様ばかりではない。値段ではなく、サロンの価値を認めて通ってくださるお客様もいる。あれから14年。そのお客様は今も欠かさず通い続けてくださっています。

答えはどこを探せば見つかるか？

サロンに危機が訪れたとき、先が見えず、本質を見失い、途方に暮れてしまうことがあります。そんなとき、どこを見ればいいのか？　どこにヒントや答えがあるのか？　それは紛れもなく、あなたの目の前の「お客様」です。

お客様は今どんなことに困っていらっしゃるのか？　どんなことを望み、欲しているのか？　そこに目を向け、耳を傾けることで解決策が見えてきます。ただし、そのお客様はすべてのお客様ではない。あなたのサロンを心から愛してくださるお客様。あなたのサロンにとって、もっとも大切なお客様。表面的な望みではなく、心からのお客様のお声に耳を澄ましてみるのです。

ヒントはいつでも、あなたのすぐそばにあります。

ニーズはつくり出すもの

お客様の心の声に耳を傾けることが本当のニーズを見つけること。前項でそう書きましたが、その心の声に、お客様自身も気づいていない場合があります。いいえ、むしろ、気づいていない場合のほうが多いでしょう。

マスクのニーズが高まったとき

新型コロナウイルス感染の恐怖が騒がれる中、街中の店頭からマスクの姿が消え、入手困難になった時期があります。転売により価格が20倍以上にまで高騰したのは記憶に新しいでしょう。

これは、当然マスクを買い求める人が増えた結果なのですが、その発端はツイッターに投稿された「これからマスク不足になる」というひと言からでした。それがマスコミなどで報道され、さらに不足に拍車がかかったのです。

これはあくまで極例ですが、この例からもわかる通り、人のニーズというのは報道や情報によって左右されやすいものです。テレビで「納豆が健康にいい」と流れた次の日はスーパーの棚から納豆が消える。「今年の流行色は赤」とファッション誌に載れば赤い洋服が売れる。こういったことはよく起こります。

ですからこうした情報に敏感になっておくのもひとつの手です。朝のワイドショーで「マスクほうれい線」について取り上げられていたその日に、さっそくスキンケアの

ＰＯＰをつくってお客様にご提案する。そういった細かな配慮によって化粧品やフェイシャルメニューを求める方が増えたという事例は、私のサロンにも多くあります。

プロとして自信を持って伝える

ただし、マスコミの情報ばかりに左右されるのもプロとしていかがかと思うこともあります。たとえばコロナ禍で売れなくなった商品の3位に入った「日焼け止め」。外出自粛によって日に当たらないためニーズが減ったというのです。

しかし、私のサロンではプロの視点でこう伝えました。

- こんな時こそ日に当たることは大切（ビタミンＤの生成など）
- マスクによってマスク焼けの跡が残りやすい

このような発信で、逆に日焼け止めが売上上位になりました。

プロの視点で自信を持ってお伝えすること。そうすることでお客様の常識は変わり、ニーズをつくり出すことができるのです。

届かなければ意味がない

お客様の心の奥の望みを引き出し、プロの視点でニーズをつくり出す。それを踏まえたうえで柔軟に形を変えていくことは、これからの時代にとても重要になっていきます。やみくもに何でも変えればいいというわけではなく、あなたの、そして店の信念に則った、理想の未来に向けての変化。それが成長につながり、時代に打ち勝つ力となっていくのです。大いに変化を楽しんでください。

聞かせるのと伝えるのは、まったく違う

ただし、大事なことがあります。

あなたの変化も、あなたがつくり上げたニーズも、それがお客様に伝わらなければ意味がありません。

どんなに確かな知識や技術を持っていても、どんなにお客様のことを思っていても、その技術や思いが届かなければ、ただの自己満足に終わってしまうのです。

伝えること。届けること。それは、お客様に見せることや聞かせることとは違います。見せるのは簡単です。聞かせるのは簡単です。でも、お客様の心にしっかりと届けるには、ふだんからの行動や情報発信による「信頼関係」が必要になってきます。

あなたは何者なのか？
信頼するに値するのか？
説得力や心を動かす力があるのか？

後のＰＡＲＴで詳しく書きますが、本当のお客様は設備やメニューであなたのサロンを選ぶわけではありません。予約や購入を決めるのではありません。
「あなた自身」を見て決めるのです。

あなたを伝える

店のリスクを減らすためにもっとも必要な「お客様との信頼関係」。それを深めていくために、SNS、ブログ、メール、ニュースレター等でふだんからしっかりと、あなたという人物や、あなたの思いを伝えていきましょう。

そうすればもう何も怖くありません。

PART2以降の内容も参考にしながら、自信を持って楽しみながら「どんな時代にもお客様の心をつかみ続ける、新しくて普遍的な『揺るがない店』」をつくり上げていきましょう！

PART 2

スモール化

減らすことで増えるものもある

いかに無駄が多かったか

これからの時代のサロン経営を生き抜いていくために、このＰＡＲＴでは「無駄を省く」ということについて掘り下げていきたいと思います。

「なんだ、経費削減か。そんなのわかり切っている」。そう思う方も多いことでしょう。たしかに、経営において利益を増やすために少しでも節約することは大切ですし、基本中の基本とも言えます。

ところが実は、私は節約が大嫌いです。こまめに電気を消すとか、使用済みのコピー用紙の裏側をメモ用紙として使うとか、なるべくエアコンをつけずに扇風機で辛抱するとか、そういったことを、ほとんど気にしないどころか、考えるのさえ嫌になってしまうのです。

もちろん、そういった節約が悪いということではありません。環境問題という側面においても素晴らしい取り組みです。ただ、ここでは少し視点を変えて、もっと経営に直結する経営のスリム化・スモール化についてお伝えできればと思います。

ドロドロ血液と遅いパソコン

私は、サロンの企画やPOPの作成、セミナーの資料づくりや執筆まで、ほとんどの作業をパソコンで行なうため、パソコンの動作が重く遅くなると、かなり業務に支障が出ます。サロンを開業してから現在までに、もう10台以上はパソコンを買い替えているでしょうか。

買い替えてしばらくは快適なのですが、数ヶ月ほど経つと急に重くなる。原因を探ってみると、大体データが容量ギリギリになっていたり、無駄なゴミが溜まっていたりします。定期的に掃除をすればいいのですが、それを怠っていると、気づいたときにはデータを移し替えるのさえ一苦労の状態になっていて、無駄に時間を浪費することになります。

パソコンは顕著な例です。**モノが増え過ぎれば動きが鈍る。動きが鈍れば思うような成果が得られにくくなります。**

これは当然、経営においても同じことが言えるでしょう。無駄なものが増えれば動きが遅くなり、時間を浪費し、結果が出にくくなっていく。当たり前といえば当たり前なのですが、案外その「無駄」に気づかないまま過ごしてしまっていることが多いのです。

時間がかかるだけならまだいいでしょう。たとえば人間の血管。血液の中に不純物が増えればドロドロになり、流れが悪くなる。そればかりか、それが原因で血圧が上がり、脳梗塞や大動脈瘤など、重大な病気を引き起こすことにもつながります。

サロンの生活習慣病対策

サロン経営に無駄が多いと、動きが遅くなり成果が出にくくなったり利益を減らしてしまったり、それだけにとどまらず、いざというときに迅速な対応ができず大きなトラブルに発展してしまうこともあるのです。

そういったことにならないために、ふだんから無駄を省いてスリム化し、経営を身軽にしておく必要があります。サロンに流れる血液を常にサラサラにしておくのです。

そのために省くべく無駄とは何か？　これからいくつか事例をあげていきましょう。

固定費・変動費——経費の見直し

このPARTの冒頭でも書いた通り、経費の見直しと聞いてまず思い浮かぶのが水道光熱費や消耗品費、運送費などの「変動費」でしょう。

変動費とは、売上や販売数の増減に応じて比例的に増減する費用のことを指し、固定費とは、売上や販売数の増減に関係なく一定額発生する費用のことを言います。水道光熱費は固定費と捉えるのが一般的ですが、小さなサロンにとっては営業日数や入客数によって使用する電気や水道の量も変わってくるので、変動費として捉えるのがよいと思います。

意識的に管理しやすい変動費

変動費は売上に応じて上下するものですので、売上が下がったときには比例して下がる。つまり単純に言えば経営危機のときには下げやすいものと言えます。また、こまめに電気を消す、安い消耗品に替える、無駄な仕入れを減らす（在庫を減らす）など、意識的に減らしやすいのもこの変動費でしょう。

逆に、売上が上がったときには変動費も上がりますが、売上が上がっているのであまり気にする必要はなくなります。小さな店が経費の見直し・削減を行なうには、まずはこの変動費から見直していくのがやりやすいでしょう。

ただ、前述した通り、私はこの変動費の削減はあまり積極的に行なっていません。消耗品費や材料費を削減すれば、もしかしたら施術や商品の品質を下げてしまうかもしれません。価値やお客様の満足度が下がってしまうかもしれません。

スタッフルームの照明やエアコンをケチれば、モチベーションが下がり接客や業務に影響が出てしまうかもしれません。大企業なら別です。一人ひとりのわずかな節約が大きな経費削減につながります。でも、小さな規模のサロンにおいては、従業員の働きやすさやモチベーションのほうが節約の効果より大切です。

まあ、そうは言いつつ実は自分自身が快適に過ごしたいだけなのかもしれませんが、限られたスペースと客数の小規模店舗では、材料費を惜しまずパフォーマンスを上げ、ベストな施術や商品でお客様の満足度を上げることのほうが、その後のサロンの発展につながりやすいのではないかと考えています。

固定費は下げにくいのか？

一方、売上の増減に関係なく必ずかかってくる経費が「固定費」。家賃や駐車場代、広告宣伝費、人件費や社会保険料などです。

固定費は、極端に言えば、売上がゼロだったとしても下がることなく支払わなければならないお金です。逆に売上が上がっても固定費はそれほど変わらないので有利になるのですが、経営が厳しいときにはより重くのしかかってきます。

実際、経営が危機に瀕したときの生き残るカギは、この固定費にあります。とはいえ家賃や広告宣伝費など、そう簡単に下げられるものではありません。ならば、もっと安い物件に引っ越すか？　広告宣伝をやめて集客をあきらめるか？　そこまでいくと本末転倒です。

しかし、あきらめる必要はありません。経営が苦しくなればなるほど重荷になる固定費ですが、そういうときだからこそ交渉が可能なこともあります。昨今の新型コロナの影響で、家主に交渉して一時的に家賃を下げてもらったという話も何件か聞きました。

また、固定費ではないですが、毎月の借入返済額も銀行に交渉して組み替えたり返済を待ってもらったりした事例も多くあります。大規模な災害や有事のときというのは、逆に救いがあるというのも事実なのです。


そうはいっても根本的に売上に応じて下げるのが難しい固定費ですが、もうひとつの方法として「固定費もできる限り変動費に近づける」というものもあります。

たとえば広告宣伝は成功報酬型のものにする方法があります。あまりおすすめはできませんが、人件費も歩合の率を上げたり業務委託にするという手もあります。

それ以外にも私のサロンでは、スタッフの住居を「借り上げ社宅」にすることで合法的に社会保険料を下げることができています。

携帯電話のプランの見直し、電力自由化、まだまだできる経費削減はたくさんあります。いろいろ調べてみるとよいでしょう。

無駄な作業を減らす

前項で経費の削減について書きましたが、気をつけなければならないのは「経費の削減によって売上が上がるわけではない」という点です。もちろん、削減することで増えた利益を販促に回せば長い目での売上アップは見込めますが、もっと直接的に売上に関わる無駄があります。それらを紹介していきましょう。

私がどうしてもサロンを移転したかったわけ

開業から12年が経ったとき、私のサロンは広いビルへと移転しました。まったくの素人のときにつくったサロンだったため、やればやるほど業務をするうえでの問題点が浮き彫りになってきたからです。それは、いわゆる「動線」というものです。

動線とは文字通り人が動く線のことで、お客様が来店した際の動きやすさ（着替えや施術時、お手洗い等々）を表わす「客動線」と、従業員の仕事のしやすさを表わす「作業動線（サービス動線）」とがあります。

移転前のサロンは、ひたすらお客様の快適さにこだわったため、その分、従業員の動線が犠牲になっていました。食器などを洗うバックヤードがあまりに狭く作業がしにくい。物販商品やカルテ、美容機器などの物の置き場もない。洗濯に至っては、わざわざ2階から階段を下りて屋外に出て、建物裏の駐輪場まで行かなければならないという有り様。お客様の少なかった時期はまだ耐えられましたが、お客様が増えるにしたがってどんどんスタッフの負担や無駄な労力が増えていったのです。

従業員の動線が悪いということは、結果的にお客様をお待たせしてしまったり作業ミスが起こったりして、満足度や信頼感を下げることにつながってしまいます。

お客様の動線ばかりを優先したために逆にお客様の満足度を下げてしまったのでは本末転倒。内装を変えたり、いらないものを整理したり、創意工夫でなんとか10年やり繰りしてきましたが、それも限界に近くなり、その先のことを考えて移転を決めたのでした。

初めからうまくいくサロンなんて稀

私のサロンに限らず、これまで数百のサロンさんを見させていただいた中で、経営のうまくいっていない店を客観的に見てみると、作業の動線が悪かったり、無駄な工程が多かったりする場合がほとんどです。ちょっとした作業の手間、それを減らすことで、スムーズに接客や施術・カウンセリングに打ち込め、売上が改善したサロンも多く見てきました。

動線の悪さ。それは初めて店を開業するうえではしかたないことです。内装や設備を専門家に任せてデザインしてもらったならまだしも、自分自身でつくった店は、どんなにシミュレーションしたとしても、実際に営業してみると思い通りにはいかないものです。

まして時代や年月とともにまわりの環境や店の状態も変わっていくもの。初めから完璧な店をつくろうと思う必要はないでしょう。そのときの状況に合わせて創意工夫で変えていけばよいのです。

ただ、少し怖いのが「その動線の悪さに自分自身が気づいていないこと」。常に他の店と比べているわけではないですから、多少不便さを感じていても「それが当たり前なのだ」と、無駄なことに気づかないままズルズルと過ごしてしまうことです。現に、私がアドバイスしたサロンの方々も、ほとんどが指摘されるまでそこに気づいていませんでした。

ナマケモノの目線

自分自身の作業動線を見直し、無駄なものに気づいていくためにどうすればいいか？簡単な方法は、自分自身がナマケモノになってみることです。

私は極度の面倒くさがりです。無駄な作業は一切したくないタイプです。だから常に楽をできる方法を模索しています。一日に何百通ものメールが送られてくる中、予約や注文など大切なメールだけはわかりやすくお知らせがスマホに届くように設定したり、お客様の情報を管理しやすいようクラウド化したり、机や椅子の配置、荷物の梱包や集荷、発注や支払いなどもなるべく手間がかからないよう効率化を図っています。

「ナマケモノ」「面倒くさがり」と書くと、聞こえは悪いですが、それが改善につながり、さらにはお客様の満足度を上げることにつながるなら素晴らしいことだと思いませんか？

無駄な作業の多い人というのは、根本的に真面目な人が多いです。真面目だから多少大変なことでも、面倒くさいことでも、真面目にコツコツとこなしてしまう。人としては素晴らしいことではあるのですが、無駄をなくすという面ではナマケモノの目線になってみることも大切です。

無駄な努力を減らす

無駄な作業の多い人は真面目な人が多い、と書きましたが、おそらくこれもそうでしょう。真面目な人は、無駄な努力をしていることも多い。努力をすることは大切なのですが、その方向性を間違うと結果につながりにくくなってしまうこともあるのだということを、これからお伝えしていきます。

東大生のノート

東大生のような成績の優秀な人はノートの書き方が美しいという本が話題になりました。たしかにノートを見直すときに美しく書いてあるほうが、頭の中が整理されやすくなります。ただ、本当に大切なのはきれいかどうかという部分ではなく、もう少し深い部分にあり、これは経営にも同じことが言えます。

私が経営セミナーを開催すると、受講される方は大きく2つのタイプに分かれます。常にびっしりメモを取る方と、たまにしかメモを取らない方。

そもそも私のセミナーでスクリーンに映す内容は、極力文字数を減らし大きな文字で書いてあるのですが、それでも一言一句逃すまいと必死になって書いている方がいるので、私は冒頭でこう伝えます。

「スマホで写真を撮ってもいいですよ」と。

経営セミナーは勉強ではなく、ヒントを見つける場所だというのが私の考えです。もっと言えば、楽しむ場所、経営を楽しいと思う場所だと。必死になって書いているうちに大切な話を聞き逃してしまったり、もっと怖いのが、書くことで頑張ったと満足してしまったりして、「学ぶことが目的」になってしまうことです。

学ぶだけでは意味がありません。覚えるだけでは意味がありません。それを自分の店に活かし、結果を出すことが目的なのです。

だから結果を出せる人というのは、実は内容をそっくり写し取るのではなく、そこから浮かんだアイデアや自分の店に活かせそうなことだけをサササッとメモします。

冒頭の東大生のノートも実は同じことが言えます。きれいに書き写すのではなく、それを活用する場面を想定して活用しやすいようにまとめる。ノートを「インプット」としてではなく「アウトプット」するために活用しているのです。

メモする、覚える、という無駄な作業を減らして、それを活かす場所（現場）に意識を向ける。そうすることで即座に実践につながり、結果につながりやすくなるのです。

全部を覚える必要はない

もうひとつ、なかなか結果の出ない方に見られる間違った傾向の努力があります。それは「たくさんの情報を入れ過ぎてしまうこと」。

世の中にはたくさんの学びの場があります。探せば数え切れないほどのセミナーがあり、数え切れないほどの講師がいます。私のところに経営相談に来られた方で、「今までいくつものセミナーを受けましたが、全然うまくいきません」と言う方がいらっしゃいます。

当然といえば当然です。教える人によってやり方や話す内容は微妙に違う。中にはまったく真逆の説を唱える人もいます。どちらが正しくて、どちらが間違いということではありません。どちらも、徹底的にやれば結果は出るものかもしれません。

だとしても、真逆のやり方を同時にやろうとすれば、力は分散し結果が出にくくなるのは目に見えています。また、「あの人はこう言っていたけど、本当にこれでいいのかな？」と半信半疑で取り組んでも、結果は出にくいでしょう。

よく言われることのひとつに、「10冊の本を読むよりも1冊の本を10回読んだほうが結果につながりやすい」というものがあります。

言われてみれば確かに私も経営難から劇的に這い上がった時代、あれこれセミナーに行ったりいろいろな本を読んだりするのではなく、ただ一冊の本だけをひたすらに何回も読み返していました。トータル70回以上は読んだことでしょう。とにかく、その本に書いてある内容を端から端まですべて実践しようと、すべて実践してそれでもダメだったら店をたたもうと、それぐらいの覚悟で取り組みました。

今となっては、もうその本の内容が潜在意識にまで刷り込まれ、まるで私が考え出した内容なのではと勘違いするほどにまでなっています。

それが、高田靖久さん著の『「1回きりのお客様」を「100回客」に育てなさい！』(同文舘出版)です。私の人生を変えてくれた1冊です。

書籍やセミナー、講習会。私は1冊の書籍を徹底的にすべて実践してきましたが、そこまでする必要はないと今は思います。私がよく自身のセミナーなどで話すのはこのようなものです。

「今日お伝えした内容10個のうち、極端に言えば9個は忘れても大丈夫です。その代わり、残りの1個、ただ1個だけでいいので、徹底的に実践してみてください」と。

覚えるよりも実践。そして10個覚えて何となく実践するよりも、9個は忘れていいから1個を徹底的に実践。ホースの先を絞って水を出すように、虫メガネで光を一点に集めるように。無駄な努力を減らして一点に集中することは、石を砕き、紙を焦がすほどの力を発揮するのです。

お客様を減らす⁉

さて、ＰＡＲＴ２も佳境に差しかかりました。これまでは割と王道的なことを書いてきましたが、ここでは常識とは真逆のことを書きます。それは、コロナ禍では特に有効だった私のサロンで実際に行なった経営術です。

集客の限界とリスク

経営の基本。それは「集客」であることは紛れもない事実です。どんなに立派な店舗があっても、どんなに優れた商品があっても、そこに訪れ商品を購入してくださるお客様がいなければ店は成り立ちません。

売上を上げるために集客をする。それが常識です。

しかし私のような小さなサロンでは、その真逆のことに取り組むことによって売上を上げてきたというこれまでの実績もあり、そこに加えて昨今のコロナ禍により、ますますその必要性が問われるようになりました。

それが「お客様を減らして売上を上げる」ということです。

もともと、小さなサロンには集客の限界というものがあります。ひとりのお客様に数時間の時間を割くという性質上、一定数以上の入客は見込めない。資金力があり店舗やスタッフをどんどん増やしていけるなら別でしょう。でもそうはいきません。

開業当初のある時期、私のサロンでは安売り集客をしてひたすら入客を増やすというやり方をしたことがあります。朝から晩まで休みなく、ひとりのスタッフが1日7名のお客様の施術。

結果、スタッフは身体を壊し、精神的にも肉体的にもボロボロになり、サービスの質は下がり、お客様も離れていきました。

その後、経営方針を改め、安売り集客をやめ、入客数を絞り込んでサービスの質を高めることによって、お客様は定着し客単価も上がっていったのです。集客にかかる経費も減ったため、入客数が減ったのに売上や利益は上がっていったのには驚きました。

コロナ禍での集客

そんな中、突如訪れた新型コロナウイルスという災い。当時私のサロンは軌道に乗り、部屋数も増えたため同時に2～3名の入客がありましたが、感染リスクやお客様の不安を減らすため、思い切って入客を減らすことにしました。密を避けるためマンツーマン体制にしたのです。

客数は半分ぐらいまで減らしましたが、結果、それでも売上の8割以上はキープし、緊急事態宣言発令による2ヶ月間の休業が明けた後は、ずっと前年売上超えをキープし続けました。そればかりか、8月には14年間の過去最高売上までをも達成したのです。

具体的な方法はPART6などで詳しく書きますが、コロナ禍で不安になっているお客様に安心していただくため、思い切って貸し切りにしたのは大きかったと思います。常連の方が定着していたこともあり、緊急事態宣言中もお客様からキャンセルを申し出ることはほとんどありませんでした。

実際、全国的に見ても、コロナ禍で大きなダメージを負ったのは個人規模の小さな店よりもスタッフを何名も抱えるような中～大規模店のほうでした。もちろん、持続化給付金が売上規模に比例していなかったため大きな店のほうが不利だったというのもありますが、それだけにとどまらず、ふだん入客数の多い店のほうが新規客の激減や相次ぐキャンセルに悩まされる割合が高かったのです。

売上を保つ三角形

入客を減らしたら売上が下がる。普通それが常識です。それなのになぜ、入客数を減らしても売上を上げることができたのか？　そのために必要な2つの三角形をご紹介しておきます。これからの時代の経営の軸となる「2つの三角形」です。

売上の3大要素

ひとつは、「売上＝客数×来店頻度×客単価」という売上の3大要素。

売上というのは、お客様の数（会員数）と、そのお客様の来られる頻度（来店サイクル)、そしてそのお客様が支払われる金額、この3つをかけたものであるということです。

通常、売上を上げるとなると集客・客数ばかりに目が行きがちですが、たとえ集客の数が少なくても、ひとりのお客様が通われるサイクルが短ければトータルの入客数は増えます。

たとえば月に1回来られるお客様がいらっしゃったとします。そのお客様が月に1回ではなく4週間に1回の来店となった場合、月1回なら年間12回ですが、4週間に1回なら年間13回、1回増えたことになります。

年に1回増えるだけなら大したことはなさそうですが、こういったお客様が50名いらっしゃったらどうでしょう。仮に客単価1万円だとして、年間50万円売上が上がることになります。月に1回と4週間に1回。たった2日ほどのサイクルの違いです。それだけでもこれほどの違いが出るほど来店頻度は重要な要素なのです。

ちなみに私のサロンでは、月に1回だったお客様が週に2回に。つまり来店頻度が8倍になったお客様もいらっしゃいます。さらに、最高では週に6回のペースで数年通い続けてくださった方もいらっしゃいます。

顧客ピラミッド

もうひとつは、いわゆる「顧客ピラミッド」と呼ばれるもの。「2－8の法則」などと呼ぶ人もいますが、当然、お客様の中には頻繁に通われるコアなファンの方や1回あたりのお支払金額の高い方など、一人ひとり差がありますから、それを高い順に並べていくと、ほぼどんな店でも、上位2割のお客様だけで8割近い売上を占めているというものです（店や業種によって多少の差はありますが、だいたい似たような数字になります。私のサロンは、上位30％のお客様で78％の売上です）。

この顧客ピラミッドも前出の高田靖久さんのセミナーや書籍で初めて知ったことなのですが、私が経営をしてきた中でももっとも衝撃的で重要なものでした。このおかげで今のサロンがあると言っても過言ではありません。

上位2～3割のお客様だけで売上80％を占めるということは、逆に言えば、それ以外の8割のお客様すべて合わせても2割ほどの売上だということ。もちろん、すべてのお客様が大切であることは言うまでもありませんが、もしもお客様の数を絞り込まなければばならないとしたら、あなたならどのお客様に絞り込みますか？

この顧客ピラミッドを見てみても、上位のお客様は「来店頻度」か「客単価」か、あるいはその両方かが高いお客様になります。集客に頼れない時代。もしくはお客様を減らさなければならない時代。その危機を乗り越えていくためにはこれを突き詰めていくことが大切なのです。

客単価を上げる意味

このPARTでは、これからの時代を生き抜いていくために「無駄を省くスモール化」が大切だという話をしてきましたが、ここにあげた以外にも無駄を省く方法はたくさんあります（それだけで1冊の本ができるほどです）。

もっと知りたいという方は、私の知り合いで美容室や飲食店を十数店舗経営し「無駄をやめる経営（ヤメ活）」についての専門家でもある大塚誉士さんのブログがとても参考になると思いますので、ここでURLをご紹介します。

大塚誉士――ヤメ活®経営のすすめ　https://note.com/yamekatu

来店頻度さえも絞らなければならない時代

そして、このPARTの最後に、もうひとつ大切なことをお伝えします。

これからの時代を乗り切るために、いざというときを乗り切るために、集客よりも来店頻度や客単価が大切だという話をしました。

実際に私のサロンでは、開業から10年間で平均の来店頻度を2倍×客単価を10倍にして売上20倍にしてきたのですが、その中でも特に大事なのが客単価です。なぜなら、今回の緊急事態宣言の中では、物理的に入客数を絞り込まなければならず、来店頻度さえも下げざるを得なかったからです。

繰り返し言いますが、売上というのは「客数」「来店頻度」「客単価」のかけ算です。どれかを下げれば、他のどれかを上げなければなりません。新規の集客も来店頻度も下げなければならない状況（物理的な入客数を減らさなければならない状況）だとしたら、売上を維持するためにできることは、客単価を上げることだけです。

危機的状況でなかったにしても、客単価を上げることは経営の安定につながります。単価が上がることで、より質の高いサービスを提供できるようになりお客様の満足度も上がります。顧客満足度が上がれば、さらに客単価が上がる。口コミ・ご紹介も増える。そんな好循環が生まれます。

どんな状況であったとしても、小規模の店にとっては薄利多売ではなく価値や単価を上げていくことこそがとても重要な要素なのです。

客単価アップのメリット

なぜ客単価を上げたほうがよいのか。そのメリットをいくつかご紹介します。これは私のサロンや私が支援して客単価を上げたサロンさんでの実際の例です。

- 売上が上がる
- リピート率が上がる
- クレームが減る

- キャンセルが減る
- 心身の負担が減る
- 宣伝広告費を減らせる

それ以外にもたくさんありますが、これらが代表的なメリットです。あえて一つひとつ解説はしませんが、じっくり想像力を働かせればその理由はおわかりになることでしょう。逆に、客単価を上げることによるデメリットはほとんど見つかりません。

「客単価を上げたらお客様が離れていくのでは？」

こう思われた方、ちょっと待ってください。客単価を上げると聞いて、「値上げ」を想像しませんでしたか？

実はそうではありません。私のサロンではこの15年で客単価を10倍以上（現段階で12倍）まで上げてきましたが、値上げをしたことはほとんどありません。むしろ、値下げをして客単価を上げたことさえあります。

もちろん純粋に値上げをしたこともないわけではありませんが、その場合もお客様は離れることなく、スムーズに行なってきました。

客単価を上げるとは、お客様の満足度を上げ、店や商品の価値を高めること。

ざっと振り返ってみたら、これまで実践してきた「値上げをせずに客単価を上げる方法」が、20個ほどありました。

その具体的な方法はPART7でたっぷりとお伝えしていきますので、その前に次のPART、さらなる生き残り術「スピード化」についてお読みください。

PART 3

スピード化

小さな店舗だけが持っている武器

小さな店が勝てること

資金力、知名度、設備、教育力など、ほとんどのことで小さな店は大きな店に勝つことは難しいと言えます。しかし、唯一、小さな店が大きな店に勝てるものがあります。

それが「スピード・迅速さ」です。

格闘技などのスポーツもそうですね。大きな選手に小さな選手が勝つには、力よりもスピードで勝負するほうが賢明です。

ではなぜスピードにおいて、小さな店は大きな店に対して有利なのでしょうか？ このPARTでは、店のスピード化を図ることのメリットとその方法についてお伝えしていきます。

巨人と小人

映画やアニメを見ると、だいたい巨人の動きは遅く、小人の動きは速いですね。重力の関係とか、空気抵抗の関係とか諸説あるようですが、現実の自然界の動物などを見ても全体的に大きい動物のほうが動きが遅いように感じられます。

原因は少し違いますが、お店や会社などでも同じなのです。

大きな店や大企業は、従業員も多く、大きな組織になっていきます。

監査役、株主、取締役、会長、代表取締役、企画部、営業部、人事部、経理部、総務部、さらに○○支店、地域マネージャー、店長、副店長、リーダー、アシスタント等々、たくさんの部門があり、配置されている多くの人がいて、それぞれが役割を持って働いていています。

ひとつの新しいことをはじめようと思ったとき、ほとんどの大きな組織はこのすべてに伝達し、意思疎通を図り、賛同を得て、許可が下りなければスタートできません。そのために、稟議書を書いたり、検証をしたり、反対意見があればやり直したり。やっとスタートしたと思っても、そこからもPOP作成やら告知やら、すべてに大勢の人を介さなければならないのです。時間がかかって当然です。

慎重は伸張を妨げる

また、大きな組織は人を抱えている分、失敗も許されないため慎重にならざるを得ないところもあります。

以前、私がある大きな会社にイベント企画案のセミナーを行なった際、幹部の方から「このイベントを開催したときの実際の費用対効果や反響・成果の数値を知りたい」と言われたことがあります。費用対効果や反響など、やり方やタイミングによっても変わってくるし、必ず同じ結果になるわけではない。そんな検証よりも、まずやってみることが大事なのに……と内心思いましたが、大きな組織はそれだけ責任を伴うということなのです。つまり、慎重な分、動きや意思決定が遅くなるということです。

中には、組織トップの決断や動きが早く、鶴の一声で迅速に動く大組織もありますが、それは稀といっていいでしょう。

一方、個人規模の店は介在する人が少なく、トップも企画部も営業部もすべて自分自身のようなものですから、余分な動きが必要ないのです。

もちろん、慎重に時間をかけたほうが失敗は少ないでしょう。でも、これまでさまざまな失敗を経験してきた今の私だから言えます。

失敗を恐れて動かないよりも、失敗を積み重ねたほうがその後の発展は大きいのだ、と。

思いついたら即行動

大きな店に比べ、小さな店のほうが迅速に行動しやすいこと。そしてそのほうが成功の近道だということが、少しわかってきたかと思います。ここで、私の実際の動き方がどのようなものなのかをお伝えしておきます。

アイデアは机上では生まれない

＋ ＋ ＋ ＋ ＋

「さあ、来月は9周年の記念月だ。どんなイベントを開催しようか？」

数年前のこと、まもなく月末に差しかかろうというのに、まだよいアイデアが湧いてこない。毎月月末に常連様向けの会報誌を送るので、そこで告知をしたい。なんとか間に合わせなければ……。

翌朝、私と妻は通勤のために車に乗った。サロンまで片道50分、その間にサロンの近況や企画などについて軽くミーティングするのが日課になっている。

「9周年イベント、何をやろうか？」

そうこう話しながらふとダッシュボードに目をやると、何やら紙切れが置いてある。何日か前にハンバーガーを買ったときにもらったクジのようなものだ。折り紙のように折りたたむと、9マスの写真が合わさって揃った商品が割引になる。

「これ、面白いんだよ。折り方によって揃う商品が変わってね」

そう話しながらその紙を手にしたとき、私はハッと思いついた。9マス！　9周年！

「そうだ、9周年のイベントは、9にちなんで9マスのビンゴゲームをやろう！」

店に着いた私は、さっそくイベントの細かな内容をシミュレーションしてルールを決めた。施術や商品が9つマスに並んでいて、それを受けるか購入したらそのマスが埋まる。タテヨコ斜め、いずれかが揃えば景品ゲット！

内容が決まれば後は早い。すぐにPOPの作成に取りかかり、妻やスタッフに見せる。OKが出たらそれを会報誌に入れる。

朝9時に思いつき、検証から作成まで、かかった時間は6時間。翌日にはもう会報誌を発送し、4日後にはイベントを開催していた。結果、その年のイベントはサロンの過去最高売上を記録した。

✢ ✢ ✢ ✢ ✢

これはほんの一例ですが、これまでに行なってきたイベントやキャンペーンの多くはこのような感じで生まれています。

鉄は熱いうちに

鉄は熱いうちに打つ。イベントは勢いが大事ですし、本人が盛り上がっていればいるほどお客様にも伝わるので、なるべく思いついたらすぐに実行に移すのがよいのです。

慣れないうちは当然、内容のシミュレーションやPOPづくりに時間はかかりますが、それでもそのスピード感は大きな店や会社には真似のできない小さな店ならではの武器となることでしょう（その他のイベントの内容やアイデアの出し方については、拙著『お客様が10年通い続ける小さなサロンのとっておきの販促』（同文舘出版）をご参照ください）。

入金サイクルを早くする

販促イベントやアイデアのスピード化の話に続いて、今度は少し現実的な、あまり聞きたくないかもしれないお話もしておきましょう。お金の話です。

10年後の1億円よりも

どんなに優れた企画を思いついても、どんなに優れた技術や商品を持っていても、それが売れなければ意味がありませんし、また、どんなにそれを売り上げたとしても、その売上が手元に入ってくるのが遅ければ経営は苦しくなっていきます。

黒字倒産という言葉もあるくらい、手元の現金は重要なものです。店の存続という面から考えれば、10年後の1億円よりも、今目の前にある100万円のほうが価値がある場合も多いのです。半年ぐらい店を営業しなくても何とかなるくらいの現金があればそれほど問題ないでしょうが、小さな店の場合、そんな余裕がないことのほうが多いでしょう。

入金サイクル。現金決済しか行なっていない店なら特に気にすることもありません。ただ昨今、ふだんは現金をたくさん持ち歩かないお客様も多いですし、クレジット決済のほうが断然高額商品は売れやすくなります。クレジット決済を導入しただけで売上が3倍に伸びたという店もあるほどです。

ところが、売上を上げるためのクレジット決済も、手元に回収されるまでに時間がかかり過ぎるようでは意味がなくなってきてしまいます。決済会社によって回収サイクルはまちまちですが、中には1～2ヶ月かかってしまうところもあるので注意が必要です。

最近では、クレジット手数料も安く、回収が翌日などという条件のよいところもあるようなので、これからクレジット決済を導入しようという方や、現在の条件が悪いという方はいろいろ調べてみるのもいいでしょう。

ただし、手数料やサイクルなどの条件のよいところは、まだまだエステ業界には厳しく審査が通りにくかったり、回数券や継続的役務がNGというところも多いので、今後ますます業界のイメージがアップしていくことを願うばかりです。

設備のお金はいつ回収する？

クレジット決済に限らず、他にも入金サイクルを早めるという面で気をつけておくべきことがあります。それは、美容機器や大口の新商品などを導入したときです。

機器や新商品というのは何のために導入するのでしょう。集客のため？　客単価アップのため？　顧客満足度向上のため？　どれもあると思います。

ということはすなわち、機器や新商品は「販売促進の設備投資」や「広告宣伝費」と捉えることができると思います。

たとえば100万円の機器を導入（購入）しました。それによって客単価が1000円上がりました。1万円のメニューで月10名の集客につながりました。さて、この設備投資を回収できるのにかかる時間はどれぐらいでしょう？　仮に月に50名の来客があるとして、ざっと6年半です。

これは大げさだとしても、大体1〜3年かけて回収しているところがほとんどです。売上は上がっているから問題はないかもしれませんが、1日でも早く回収できたほうが確実に経営は楽になりますね。次の設備投資もしやすくなります。逆に、回収に長い時間がかかるのが怖くて導入をためらってしまう方も多いことでしょう。

私のサロンでは、機器や新商品をいかに早く回収するかを考えて導入します。ほとんどのものが、1週間から1ヶ月以内で回収できています。中には4日で回収した機器もありました。詳しい手法はPART7でお伝えしますが、導入キャンペーンや回数券を用いて、いかに最初に盛り上げるか、いかに初速をつけるかが大事になってきます。

よく言われることですが、大事なことなので覚えておいてください。

つぶれる店というのは、売上の低い店ではなく、「現金のない店」なのです。

お金を生み出すのは誰か？

店にお金を支払い、売上をつくってくださるのは誰か？　言うまでもなくお客様です。だから店にとってお客様はかけがえのない存在です。しかし私の店では、それと同等かそれ以上に大切にしているものがあります。それは何か？

「スピード化」からは少し話がそれますが、大事なことなのでここに書いておきます。

意外な言葉

開業からまだ間もない頃。少々わがままなお客様がいらっしゃいました。ドタキャン、遅刻。それでも悪びれる様子もなく悪態をつく。そのお客様を担当しているスタッフには残業代を支払って残ってもらっている時間帯であったので、突然のキャンセルは店にとっても痛手になります。やっと店が軌道に乗り忙しくなってきた頃だったため他のスタッフに代えることも難しい。しばらく様子を見つつそのスタッフに問題点がないかなども検証してみましたが、それも見当たらない。

しかし、そのお客様の予約日になるたびにつらそうな表情になるスタッフ。そこで私はスタッフにこう言いました。

「つらいなら、もうこのお客様は今後のご予約をお断りしよう」

スタッフは驚いた表情をしていました。

いつも「お客様第一」「お客様最優先」と言い続けてきたサロンオーナー。そのオーナーの口から、そんな言葉が出るなんて。

もちろんお客様は大切です。お客様が来られなくなれば売上は下がります。入客がまったくなかった頃の苦労を知っている私にとってみれば、お客様はかけがえのない奇跡の存在です。そのお客様をお断りするなんて。

守る

ただ、私から見ればその言葉は意外ではありませんでした。

お金を支払ってくださるのは確かにお客様だし、その大切さに変わりはない。でも、そのお客様によい施術や商品をご案内し、お客様と関係性を築き、お客様の喜びを生み出しているのは、紛れもなくスタッフです。

どんなことがあっても店を守る。

それはすなわち、どんなことがあってもスタッフを守るという、私たち夫婦の覚悟だったのです。

ここで書いた事例は極端ですが、他のささいな場面においても私たちのこの姿勢は変わりません。

現在、おひとりで店をやられている方にはあまり関係のない話かもしれません。しかし、ひとりで店を続けるにも、やがて限界がやってきます。もしも自分がケガをして施術できなくなってしまったら？　妊娠や出産で長期的に休まなければならなくなったら？　長い年月で体力が衰えてきたら？

これからの時代、いかに素晴らしい人材を素早く育てることができるか。

それが大切になってくるのです。

人材育成の最速化

お客様と同じぐらい大切なスタッフ。そのスタッフを育成していくのにもスピード化が大事になってきます。

「スタッフを教育し、やっと一人前になったと思ったらその直後に辞めてしまった」サロン業界に限らず、さまざまな業界でよく耳にする話です。

何度も繰り返してきた悲劇

かく言う私の店でも、むかしは技術にこだわり過ぎるあまりスタッフ育成に1年近くかかっていました。施術の空いた時間を見つけて一所懸命に技術や接客を教える。最初の数ヶ月間はスタッフの売上はゼロ。その間も給料を払いながら徐々に磨いていき、1年経ってやっと……というところで、まさかの退職願。そこで辞められてしまったのでは、教育に費やした労力や経費などすべてが無駄になってしまいます。そんなことを何度繰り返したことでしょう。

悲劇を繰り返さないために

さすがに限界を感じた私たちは、別のやり方を模索することにしました。

他のどのサロンよりも技術へのこだわりが強い。だからスタッフがなかなか育たない。でも技術へのこだわりをなくしたくない。

両方を同時に解決することは難しかったのですが、ひとつの解決策としてまずはメニュー数を減らすことにしました。膨大なメニューの数になっていたので、それを減らすだけでも教える時間が短縮できます。

次に行なったのが、新しいメニューの導入。といっても再び高度な技術を要するメニューを増やせば元の木阿弥なので、それほど高度な技術を要しないメニュー、すなわち「機器を用いたメニュー」を導入したのです。

機器を用いたメニューならそれほど教えるのに時間がかからないので、最初に機器のメニューと接客カウンセリング・商品知識などを短期集中で徹底的に落とし込み、無事デビューして一人前の売上を上げられるようにしておいてから、合間を縫って高度な技術も教えていく、という流れです。

こういった方法をとり、スタッフ育成のスピード化を図ったことで、無駄に教える時間や労力を劇的に削減することができたのです。

スタッフ育成は、業種業態によりその大変さにかなりの差があるようです。

アロマ・リラクゼーション等、オールハンドのメニュー展開をしているサロンよりもやはり機器を用いたエステ系のサロンのほうがハードルは低いようですし、リラクゼーション業界以上に苦戦しているのが、理容業界だといいます。

ただでさえ後継者に苦しむ理容業界。そんな中で、短期間でスタッフ育成する方法を系統化し、コロナ禍でも新規出店と大成功を収めている方がいらっしゃいます。インフィニィトの狐嶋和美さん。不利な業界のノウハウは他業種にも役立つと思いますので、ご興味ある方はメルマガをお読みいただくとよいと思います。

家族経営から脱却~店舗スタッフの求人・採用・育成・定着！

https://reservestock.jp/page/step_mails/27596

スタッフ育成のスピード化は、労力や時間、教育費の削減になるばかりか、オーナーや上司の精神的な苦痛をも和らげてくれます。

これからの時代、どのような波が襲ってきても耐えられるよう、この育成のスピード化をぜひ突き詰めていってください。

「旬」が命

旬の魚や野菜はおいしく、人気があります。

逆に旬を過ぎると味も人気も落ちるため、販売店や料理人は神経をとがらせます。季節のイベントも同じ。クリスマスケーキや恵方巻、土用の鰻などが、イベントの翌日に大幅値引きで店先に並んでいるのを見たことがあるでしょう。特に食材は消費期限がありますし、旬が過ぎた後も定価のままでは売れ残ってしまうでしょうから、大幅に値引きしてでも売る必要があるわけです。

これ、旬の食材を取り扱っていない「サロンなどの業種」には関係ない話だと思いますか？　実は大ありなのです。

ニーズを超えたサービス

疲れを取りたい。癒されたい。瘦せたい。シワを取りたい。

お客様は何かしらの願望を持って店を訪れます。これを「ニーズ」と言います。そのニーズに応え、お客様が満足されることによって売上となり、その満足度の大きさによってその後のリピートへとつながっていくのですが、ただニーズに応えているだけではなかなかそれ以上の発展にはつながっていきません。

もう一歩踏み込んだその先の部分、「ニーズを超えたサービス」。それを提供することでお客様は想像を超えた満足感を得られ、あなたの店のファンになっていくのです。他の店では味わえないサービスや感動、発見。それを与えることができれば、確実にお客様は他の店ではなく、あなたの店を選ぶことでしょう。

では、その一歩先のサービスというのは何なのか？

それは「心の動き」、すなわち「感動」です。

「感動」とひと言で言ってしまえば簡単ですが、これを定義づけるのはなかなか難しく、答えもさまざまです。お客様によっても違ってくるでしょう。

ただ、一般的にお客様が惹かれやすいのはやはり新しい発見や時代に合ったもの、そのときそのときの「旬のもの」です。

旬は一瞬

特にこのコロナ禍では、私は常に最新の情報に意識を向けるようにしました。朝の情報番組で「コロナ太り・自粛太り」と流れれば、すぐにその対策ができる商品や施術を考え、ＰＯＰをつくって展開しました。

コロナ禍の不安の中でお客様の心も揺れ動いていますから情報に敏感になっています。「あ、この間テレビで見たやつだ」となれば興味を示しやすくなりますし、テレビを見ていなかったとしても「たしかに私もそれで悩んでいた」と、気づいていなかった悩みを発見して感動されることになります。

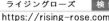

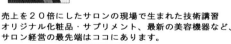

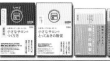

ただ、この最新の報道や旬の情報というのは、やはり食材と同じく期限の短いものです。モタモタしているうちに一瞬でお客様も興味をなくし古い情報となります。あるいは近隣の他の店で先に展開されて「この間、他の店でもう買ったわ」となってしまうこともあります。

お客様に興味を持っていただくために、お客様に感動していただくために、やはり旬のものを迅速に、スピード化を意識しながら提供していくことが望ましいのです。

また、「旬のもの」「新しい感動」という意味においては、「キャンペーン」もまた重要な要素となってきます。

キャンペーン≠値引きではない

お客様に旬をお届けするうえで欠かせないもうひとつのもの、「キャンペーン」。キャンペーンというと「値引き」を思い浮かべる方も多いですが、私の提唱するキャンペーンというのは、単なる値引きのことではありません。
どちらかというと「イベント」や「お祭り」の意味合いに近い、お客様にワクワクしていただく販促です。

とっておきの販促

お客様が、今望んでいるものを、その季節に応じて、新鮮な商品として提供する。そうすることによってお客様は新鮮な気持ちになり、お店に飽きることがなくなり、満足度が上がると共に客単価も上げていくことができます（拙著『お客様が10年通い続ける小さなサロンのとっておきの販促』参照）。

販促（販売促進）というと、何か強引に売りつけるようで苦手意識を持つ方も多いですが、私のサロンで促進するものは商品やチケットではありません。そのキャンペーンによって喜んだり童心に帰ったりするワクワク感や、その商品によって得られる未来の感動です。

当然、その結果として売上も上がるのですが、それ以上に私たちにとっては、お客様が常に新鮮な感動に包まれ、何年も何年も飽きることなくサロンに通い続けてくださることこそが最大のメリットだと思っています。

だから、費用対効果や売上の結果などは実はあまり関係ありません（もちろん、綿密なシミュレーションや経費の計算はしますが）。それをやることによって、たったひとりでも心から喜んでくださるお客様がいらっしゃればそれで大成功。より多くのお客様に喜んでいただければ大大大成功なのです。

キャンペーンもスピードが大事

ところでこのキャンペーンも、行なう際にはスピードが大事になってきます。

2021年8月（本書を執筆する中での最新ネタです）。私のサロンは15周年を迎えました。「15周年のイベントは何をしようか？」例のごとく悩んでいると、奇しくもコロナの影響で延期されたオリンピック・パラリンピックと同時期の開催だということに気付きました。

「オリンピックは中止か、開催か」、世論では揉めている真っ最中ではありましたが、中止になったとしても「オリンピックを楽しめない代わりに」という名目で盛り上がるだろうということで、「15周年」と「五輪」を組み合わせて、「十五輪ピック」というイベントをやることに決めたのです。

内容は、カードを選んで出た種目とメダルの色によって景品プレゼントという単純なものでしたが、ちょうどオリンピックと重なったことで、誰が金メダルを取ったとか、私もメダルを取りたいと、お客様と話が弾み、大いに盛り上がりました。

これも、もし1ヶ月でも遅れたらオリンピックの意味がなくなります。時季外れのイベントで、ただ寒いだけになってしまいます。

そういった意味でも、キャンペーンにもタイミングやスピードが大事だということになってくるのです。

キャンペーン。販促。ここまで書いてもまだ開催しようとは思わない方もいらっしゃるとは思いますが、お客様の満足度向上や感動、ワクワク、コミュニケーションが深まるという意味においても、キャンペーンはとても大切だと思います。私のサロンでは、今やキャンペーンはなくてはならないものとなっています。

ぜひ、一歩先に踏み出して、チャレンジしてみてください。

スピードは風を呼ぶ

どんな危機にも負けない店であるために、スピード化が大事だという話をこのPARTでしてきました。迅速な行動は小さな店ならではの強みであり、お客様の満足度を上げると共に店も安定しやすくなるという話です。

そしてもうひとつ。スピード化によって得られる大切なものがあります。

自動車はスピードを上げることによって風が起こります。

飛行機はスピードを上げることによって空に飛び上がることができます。

そう、**スピードは風を呼ぶ**のです。

店の経営も同じで、常にスピードを上げて動き続けることによって新鮮な風が舞い込み、お客様に心地よいワクワクを提供できるようになります。それと同時にお客様をも巻き込むことで、さらに風は大きくなり、

「この店はいつも勢いがあってやる気を感じるわ」

と、お客様からの信頼をも得られるようになるのです。

あなたにも、ぜひ風を感じてほしいと思っています。

PART 4

NO密＆濃密化

密を避けなければならない時代だからこそ

簡素化する時代

「ウイルス感染予防のため、お声がけを控えさせていただきます」

ある洋品店に行ったとき、そんな張り紙がしてありました。少し高級な店で、ふだんは積極的に店員さんがコミュニケーションを取ってくるところです。たしかに話しかけられることで感染のリスクは高まるし、マスクをしているとはいえ恐怖心を持っている方も多いので賢明な対応だと言えます。

しかし、いつも話しかけられるのに慣れている私にとっては、店内を歩いていて何だか物足りないような、もの寂しさを感じたのもまた事実です。

ガラリと変わった日常

新型コロナが騒がれはじめてから、仕事もプライベートも180度変わりました。

仕事においては、これまでリアルで開催していたセミナーや講座もほとんどがオンラインに切り替わり、遠方の方も気軽に参加できたり、受講できる人数に制限がなくなったり、会場を借りる手間がなくなったりなど、便利なことがありつつも、何となく空気感が伝わらないような、味気ないものになったような気がします。

プライベートでも、仕事仲間や友人との飲み会、懇親会など、生で触れ合う機会が減り、つき合い方そのものも簡素化していっているのを感じています。

この状態がいつまでも続くのか、それとも、ある日突然元に戻るのか。今の段階では想像がつきませんが、これからの時代は、ますますそれが一般的になっていくのかもしれません。

ぽっかりと空いた穴

コンビニエンスな時代

感染対策に関係なく、世の中には過度な接客を嫌がる方が一定数います。コンビニエンスストアやファストフード店が全国に拡がったのと同時期に、それが当たり前になっていったように感じます。

コンビニエンスとは、「便利」という意味と同時に「簡易」というニュアンスもありますが、友人との連絡もＬＩＮＥやＳＮＳで簡潔に済ませる時代、人間関係そのものも、あまり深く関わらないライトなものに変化しつつあります。

ただ、世の中が便利さや簡易性を求める中、それとは真逆の層、人との心のふれあいを求める方もまだまだ多くいらっしゃいます。私のサロンでは、あえてその層の方を対

郵便はがき

料金受取人払郵便

神田局
承認
6162

差出有効期間
令和4年11月
19日まで

101-8796

511

(受取人)
東京都千代田区
神田神保町1－41

同文舘出版株式会社
愛読者係行

毎度ご愛読をいただき厚く御礼申し上げます。お客様より収集させていただいた個人情報は、出版企画の参考にさせていただきます。厳重に管理し、お客様の承諾を得た範囲を超えて使用いたしません。メールにて新刊案内ご希望の方は、Eメールをご記入のうえ、「メール配信希望」の「有」に○印を付けて下さい。

図書目録希望	有	無	メール配信希望	有	無

フリガナ お名前		性別 男・女	年齢 才
ご住所	〒 TEL （　　） Eメール		
ご職業	1.会社員 2.団体職員 3.公務員 4.自営 5.自由業 6.教師 7.学生 8.主婦 9.その他（　　）		
勤務先分類	1.建設 2.製造 3.小売 4.銀行・各種金融 5.証券 6.保険 7.不動産 8.運輸・倉庫 9.情報・通信 10.サービス 11.官公庁 12.農林水産 13.その他（　　）		
職種	1.労務 2.人事 3.庶務 4.秘書 5.経理 6.調査 7.企画 8.技術 9.生産管理 10.製造 11.宣伝 12.営業販売 13.その他（　　）		

愛読者カード

書名

◆ お買上げいただいた日　　　　年　　　月　　　日頃

◆ お買上げいただいた書店名　（　　　　　　　　　　　　）

◆ よく読まれる新聞・雑誌　（　　　　　　　　　　　　）

◆ 本書をなにでお知りになりましたか。

1．新聞・雑誌の広告・書評で　（紙・誌名　　　　　　　　）

2．書店で見て　3．会社・学校のテキスト　4．人のすすめで

5．図書目録を見て　6．その他（　　　　　　　　　　　）

◆ 本書に対するご意見

◆ ご感想

●内容　良い　普通　不満　その他（　　　　）

●価格　安い　普通　高い　その他（　　　　）

●装丁　良い　普通　悪い　その他（　　　　）

◆ どんなテーマの出版をご希望ですか

繁盛店長の「気づく力」
売上を伸ばす店長と、売上を下げてしまう店長の決定的な差！
松下 雅憲著
定価1760円

仕事の価値を高める会議
オフサイトミーティング
リアル／オンラインで役立つオフサイトミーティングの技術
スコラ・コンサルト対話普及チーム 若山 修・刀袮館 ひろみ著
定価1760円

毎月7万円！
普通の人が副業で「占い師」になる法
占い師は時間と場所が自由自在！ 副業からはじめる具体策
西 彰子著
定価1760円

地方・中小が圧倒的に有利！
食品企業の成功する通販・直販ビジネス
大手企業にはできない商品開発や売り方で利益を上げる法
トゥルーコンサルティング株式会社著
定価2090円

最新版 図解 よくわかるこれからの
貿易
複雑化する貿易取引の知識と最新情報が図解で学べる1冊
高橋 靖治著
定価1980円

ビジネス図解
非公開会社の自社株のしくみがわかる本
企業経営の潜在リスクを解消する自社株の基本と実務を解説
田儀 雅芳著
定価2200円

飲食店・ショップ・宿泊施設 シンプルだからすぐに話せる！
ひとこと接客英語
お客様の疑問に答えるための使いやすいフレーズが満載！
パピヨン 麻衣著
定価1760円

実践！「繁盛立地」の判定・分析・売上予測
1万店舗以上の調査から得た繁盛立地選びの実務ノウハウ
林原 琢磨著／林原 安徳監修
定価2090円

3ヶ月でクライアントが途切れないカウンセラーになる法
集客の悩みに効果抜群のカウンセラーの成功法則
北林 絵美里著
定価1650円

最新版 図解 よくわかるこれからの
マーケティング
マーケティングの定石と最新知識を図解で徹底解説
金森 努著
定価1980円

マイペースでずっと働く！
女子のひとり起業 2年目の教科書
起業後の「困った！」を解決する〝経営〟のキホン
滝岡 幸子著
定価1650円

小さな運送・物流会社のための
荷主から信頼される！「プロドライバー」の教科書
「事故なし、マナーよし」のスキル＆マインド
酒井 誠著
定価1980円

小さな運送・物流会社のための
「プロドライバー」を育てる3つのルール
トラックドライバーを活用したい会社に必須のノウハウ
酒井 誠著
定価1760円

ＢｔｏＢマーケティング＆セールス大全
ターゲットの購買動機を引き出す手法や成功事例を紹介
岩本 俊幸著
定価1980円

マイペースで働く！
女子のひとり起業
女性の強みを活かして自分らしいライフスタイルをつくろう
滝岡 幸子著
定価1540円

売れる！ 楽しい！「手書きＰＯＰ」のつくり方
文字・イラストが苦手でも、売れるＰＯＰはつくれる！
増澤 美沙緒著
定価1650円

象に商売を進めてきました。サロンと呼ばれる業種の方には、そのような方が多いのではないでしょうか。

便利な世の中になり簡素化が進む中、震災やコロナ禍を目の当たりにしてやはり人とのつながり「絆」が人切なのだと感じつつも、それでも人との関係性が希薄になっていく時代。

そんな中、私が洋品店で感じたように、やはりお客様の心には、どこか物足りなさが生まれている。そんな気がしてなりません。

先の見えない不安やストレスを抱えているお客様もいらっしゃる。

どこかで人と接したいと求めている方もいらっしゃる。

特に今の時代、これからの時代は、外側の社会情勢だけでなく、そんなお客様の内面もしっかり見ていく必要があるのではないかと私は思います。

穴を埋めたい

人は誰もが、心のどこかに穴が空いていて、それを埋めるために行動を起こすと聞いたことがあります。子どもがわざと悪いことをするのも、叱られるということで欠けた穴を埋めるという説もあります。

心の穴。お客様がサロンに通うのも、そんな心理があるのかもしれません。「キレイになりたい」と願うのも、その心の奥には、キレイになることで今まで空いていた、どこかの心の穴を埋めたいのだと。

密集、密接、密閉。3つの密を避ける。

突如目の前に立ちはだかったそんな壁に、お客様は何を感じ、私たちは何を行なっていけばよいのでしょうか？

私たちの戦いの幕が切って落とされました。

蜂や蝶は蜜に集まる

花にはおしべとめしべがあり、子孫を残すためには受粉が必要です。でも自分では受粉できない。そのために花は「蜜」を差し出し、そこに蜂や蝶が集まることでおしべから出た花粉がめしべにつき、実を結ぶことができます。

花にとっては子孫繁栄のため、蜂や蝶にとってはお腹を満たすため、互いになくてはならない相互利益によって成り立っている。これを「共生（相利共生）」と言いますが、これは店とお客様の関係も同じだと思います。

お客様は望みを満たすために来店し、店はそれを満たすことで対価をいただく。そのようにして互いが支え合うことにより成り立っているのです。

お客様にとっての「蜜」とは

蝶は蜜に集まる。甘い蜜を吸う。このように言うと少し悪い意味で使われることも多

いですが、蝶は生きるために蜜を吸います。その蜜が生きるために必要だから集まってくるわけです。お客様も同じ。その店に、よりよく生きるための蜜（魅力）があるから来店してくださるのです。

では、そのお客様が望んでいることは何でしょう？　店で提供される商品だけでしょうか？　疲れを取ったり、キレイになることだけなのでしょうか？

であれば、通販でもこと足ります。マッサージチェアやセルフエステでも賄えるはずです。それなのに店に訪れる理由。それは、それ以上に望んでいるものがあるからです。それこそが、人とのふれあいという蜜、すなわち「密」なのであると私は信じています。

密を減らした分、密を増やす

「お客様にとっての蜜とは〝密〟である」。勝手な私の持論ですが、3密である密集、密接、密閉のうちの「密接」。この密接こそがお客様が求めているもの。手から伝わる温もり、癒し、心地よさ、情熱等々、その手による密接があるからこそお客様は心の欠けた穴を埋めることができ、心から満たされるのです。

手から伝わるもの

「手当て」という言葉があります。この言葉の語源は諸説ありますが、手で触れることによって幸せホルモンが分泌され、痛みが和らいだりストレスが緩和される効果があることがわかってきています。そのあたりのことは、私よりも専門家である読者の皆様のほうがお詳しいでしょう。

手から伝わる幸福感。私のサロンはもともとオールハンドからはじめ、サロンの発展に合わせて徐々に機器も取り入れていきましたが、それでも100%機器だけに頼ることはありません。必ずそこに手を添え、温もりを感じていただき、手を通してお客様の体調の変化や心情を読み取ります。

手による密接は、お客様と私たちとをつなぐ架け橋なのです。

さえぎられた喜び

そこに突きつけられた壁、「三密を避ける」。

サロン業務において、窓を開けて換気をすれば「密閉」は避けられます。個人規模の小さな店ならば「密集」も避けられます。しかし、残りのひとつ、「密接」は、施術をするうえで避けては通れないものです。

コロナ禍初期はさまざまな情報が入り乱れ、必要以上に施術による密接を恐れるお客様もいらっしゃいました。

感染したらどうしよう。

感染させてしまったらどうしよう。

どちらにしても、もしもそれが起これば確実に店を閉めざるを得ない。もしくは廃業の危機に陥るかもしれないというほどの恐怖でした。

知り合いのサロンさんの中には、業務用機器を用いたセルフエステへと移行する方もいらっしゃいました。施術者が触れずにエステを行なう。それならば感染のリスクや不安は減らせます。セルフ脱毛などのチェーン店も一般化しつつあり、ある程度の需要も見込めそうです。そしてさらに、感染対策用の設備に対する補助金も出るというのです。

ひとつのチャンスです。危機的状況の中には、こうしたチャンスもあります。何名かの方がそのチャンスに乗り、私もそれを応援しました。

チャンスを捨ててまで

一方、まわりのサロンさんを応援しつつも、結果として私自身のサロンは、補助金の申請はしませんでした。

- 手続きが大変で時間がかかり過ぎること
- その時間をお客様へのフォローに費やすことのほうが大切だと考えたこと
- そしてやはり、セルフにはしたくなかったこと

個人的なこだわりではありましたが、結果的にやはり私たちはお客様との「密」にこだわることにしたのです。

どちらが正しい・間違いということではありません。セルフ形式にして大成功したサロンさんもあれば、補助金や助成金に意識を向け過ぎてお客様が離れていったサロンさんもあります。そしてそれさえも今の時代、数ヶ月後には真逆の結果になっているかもしれません。**大事なのは「自分の正直な気持ち」**だと判断したのです。

そしてここから、私たちの本格的な「密」との戦いがはじまりました。

万全の感染予防対策で、密集と密閉は避けた。マスク、消毒、空気清浄機。残る密接をどうするか？

大切なことがあります。

どんなに密接になっても、絶対に感染しない密。

それは「心の密」です。

心の伝え方

絶対に感染しない密、それは心の密。3つの密を避けなければならない状況の中、私たちは徹底的にお客様との心を密にすることに意識を傾けました。

テレビをつければ恐怖心を煽る報道ばかり。何か裏の意図でもあるかのように、何度も繰り返される悲惨な状況。何もしなければきっとお客様は離れていってしまう。とはいえ強引につなぎとめるわけにもいかない。私たち自身だって「もしかしたら」という不安や恐怖心を抱えています。では、そこで何ができるでしょうか。

伝えなければ伝わらない

一歩判断を誤れば、誤解を招いたり、信頼を失ったり、店そのものを廃業せざるを得なくなるかもしれないギリギリの状況の中、私たちがしたことはただ「伝える」ということだけでした。ただひたすらに「心」を伝える。

心は感染しない。いや、もしかしたら気づいていないだけで、感染しているのは心のほうなのかもしれません。溢れ返る情報。一気に拡散するデマ。センセーショナルな映像や感情的なやり取り。実際に見てもいないのに、実害もないのに、心ばかりが先に侵されていく。

だからこそ冷静に、そして熱く。今の近隣の客観的な状況や私たちの取り組み、そして赤裸々な心の中身を、メールやアプリを通してお客様に伝えたのです。

伝えなければ伝わりません。伝えようとしなければ伝わりません。私たちもお客様も血の通った人間なのです。

お客様はあなたの店を、立地で選んだのでしょうか？　知名度で選んだのでしょうか？　メニューや商品で選んだのでしょうか？　価格やお得感で選んだのでしょうか？

きっと違うと思います。

これまでずっと心を込めてお客様と接してきた「あなたという人」に、つまり「あなたの心」に惹かれ、共感し、選んでくださったのです。

私たちが眠れないほど心を込めて考え、書き上げたメール。

その心はお客様に届き、誰ひとりキャンセルを申し出る方はいませんでした。

心を動かすのは心

店の経営をしていると、日々刻々と状況が変わる。昨日まで常識だったことが今日には非常識に変わることもある。この15年で何度かそんなことを経験してきました。

そんな経験をしてきた私にとっても、２０２０年という年は、本当に目まぐるしく状況が変わり翻弄される日々でした。

緊急事態宣言。休業要請。国の発表ではエステは休業対象ではなかったのに、都の発表では対象に入っていると翌日に知ることもありました。

何とかお客様との関係性をつなぎ営業してきた私のサロンも、とうとう休業せざるを得ない日がきました。

休業への判断

スタッフの生活の保障は？　先まで入っていた予約は？　売上がなくなったら自分の生活はどうなる？

個人で経営しているサロンさんの中には、自分自身が感染する恐怖から早々に休業を決めた方も多かったですが、スタッフを守る立場なども考えると、休業要請が出ても即座に判断できかねている自分がいました。冷静に今後の状況も見ながら判断していかなければなりません。

スタッフの給与は雇用調整助成金で何とかなる。

給付金の額はとても売上に及ぶものではありませんでしたが、物販に力を入れていたこともあり、サロンを休業しても売上は確保できそう。

あとはお客様。

せっかく楽しみに先までご予約くださったのに、がっかりはされないだろうか。休んでいる間に気持ちも店から離れ、そのまま去って行ってしまったりはしないだろうか。

正直、不安がなかったわけではありません。でも、休業すると決めたからには、お客様にお伝えして理解していただくしかありません。

メールの文章を考えながら、自然と涙が溢れていました。

驚きの返信メール

メールを送信して、ほんの数分で返事が返ってくると驚くものです。

何通も、何通も、パソコンに届くメールがスマホのお知らせ機能のアラームを鳴らします。休業するにあたって、予約の入っているお客様はお断りせざるを得ないため、その了承確認のためにお客様もお返事をくださいます。

律儀にお返事をくださってありがたい……、そう思いながらメールを開いたとき、私たちは思わず息を飲みました。

そこに綴られていたのは、数々の感謝のお言葉やサロンに対する思い、温かい励ましのお言葉。次のメールも、次のメールも。

そればかりでなく、「営業再開を心から楽しみにしています」「2ヶ月後の再開の日に予約をお願いします」と、ほぼ全員のお客様が、キャンセルではなく休業明けの後に予約を振り替えてくださったのです。

心は伝わる。

本当に、最高のお客様に支えていただき、心の底からありがたいと感じた瞬間でした。

経営に近道はない。値段を下げれば、景品を多くすれば、広告の数を増やせば、それで一時的に売上は上がるかもしれません。強引に売りつければ一時的に店は潤うかもしれません。でも、それだけでは決してお客様の心は動かない。

15年間、私たちは遠回りしながらも必死でお客様と向き合ってきました。必死に心を伝えてきました。何度も危機に直面しながら、そのたびにお客様に支えられて乗り越えてきました。

それはきっと、あなたのサロンも同じでしょう。
心から伝えたいことがあることでしょう。
どんな状況の中でも、伝えればきっと届きます。
「心」を動かせるのは「心」だけなのです。

PART 5

無敵化・協調化

ステキな店がムテキになる

簡単に「無敵」になる方法

緊急事態宣言の休業が明け、私のサロンにお客様は戻ってきてくださいました。

ただ、これで感染の恐怖がなくなったわけではありません。むしろ現状ますます感染者は増えている状況です。コロナだけではないでしょう。この先何が起こるのか、それは誰にも予想できないことです。

今を生き抜くために、これからを生き抜くために、どんな状況にも負けないために。

本章では、あなたの店を〝無敵〟にしていく方法をお伝えいたします。

意識して無敵になる

「ロズまりさんは、向かうところ敵なしですね!」

他のサロンの方や業者さんから、何度かこのような言葉をかけていただいたことがあります。リピート率は9割を超え、売上は10倍以上。数々の業界誌に掲載されて書籍も出版し、オリジナル化粧品やサプリも販売。そんな勢いに乗っていた私たちにとって、歯痒いほどの褒め言葉でした。でもこの言葉、半分は正解で半分は間違いです。

確かに私たちのサロンは無敵でした。意識して無敵になろうとして無敵になりました。自分たちのサロンが発展していくために無敵になることが大切だと考えたからです。

いやいや、そんな簡単に意識して無敵になれるものなのか？　と思われたでしょうか。

実は、なれます。あなたのサロンも簡単に無敵になることができます。

「そんなバカな」と思われた方もいるかもしれませんね。

「無敵」とは「敵がない」と書きます。辞書を引くと、

「非常に強くて敵対するものがないこと。対抗できるものがないこと。そのさま」

と書いてあります。ではいったい、「敵」とは誰のことでしょう？

「無敵」とは敵に勝つことではなく「敵をなくすこと」

そうです。「無敵」とは「敵がない」ということですから、実は敵に勝つ必要などありません。敵をなくせばいいだけのことなのです。

自店が生き残るために、他店に勝つ必要があると思っている店があります。他店が敵に思えて疑心暗鬼になっている店があります。

でも、「無敵」とは敵に勝つことではなく「敵をなくすこと」。つまり、敵ではなく仲間になればいいのです。

「うばい合えば足らぬ　わけ合えばあまる」

詩人・相田みつを氏の、私の好きな言葉です。

サロンが軌道に乗ったとき、私は敢えてそのノウハウを独り占めにするのではなく、書籍にして多くの方に伝えました。自分のサロンだけがよくなるのではなく、皆がよくなって、業界全体が発展したほうがよいと思ったからです。

当時はまだ、サロンを継続的に利用している人口の割合は1割にも満たない数でした。この少ない方々を奪い合うより、業界をよくして利用する人口の割合そのものを増やしたほうがよほど発展につながるはずだ！　と。

そう考えた瞬間から、私にとってまわりのサロンさんはすべて仲間になり、敵はいなくなったのです。

敵をなくして無敵になる。

誰かと競い合うのではなく、素の自分で勝負する。

日本語とは面白いものです。

敵をなくして素の自分で勝負すれば、「素敵」という言葉になるではないですか。

ライバルは同業ではない

店を新規オープンしようと思ったときや新しいメニューを導入しようとしたとき、よく行なう作業のひとつに、「近隣の店の価格を調べる」というものがあります。

「この地域のこのメニューの価格帯はこれくらいか」

果たしてこれは正しい行為でしょうか？

当然、近隣に限らず世間の評判やおおよその相場を知っておくことはよいことです。ただ、あまりにもそこを意識し過ぎてしまうのではなく、あくまでも参考程度にとどめておいたほうがいいでしょう。

「あの店がこれくらいの値段だから、うちはそれよりも少し安い値段で……」

などという感じで自店の価格を決めてしまいがちですが、他の店とは設備も違えば立地も違う。客層やメニューの内容も微妙に違うはずです。まして値段を下げることは利益を下げてしまうことにもつながりますし、安さでお客様を奪い合うことは安売り競争の無限ループに陥りやすくなり、互いをつぶし合うことにもつながります。

そもそも、近隣の他店とメニューの内容が同じだとしたら、それ自体が好ましくありません。価格というのは近隣を参考にするのではなく、自分の店の状況や全体の理想の売上から逆算して、理想のお客様が喜んでくださるメニューをつくっていくのです。

つまり、メニューをつくってから価格を決めるのではなく、理想の価格を先に設定し、その理想の価格に見合うように、元のメニューに付加価値を加えてオリジナルにしていくということ。そうすれば、他の店とは比較されない＝敵がいない（無敵）メニューになっていきます。

オンリーワンになるヒントはどこから？

また、同業他店にライバル心を持ち、他店のやり方を真似たり競い合ったりしても、あまり自店の発展にはつながっていきません。どんなにあがいても、同業という枠の中で競っていたのでは同業という枠を越えられないからです。

しかし、何らかの基準がなければどこから手をつければよいのかわかりません。そのヒントや情報はどこから得ればよいのでしょうか。

その答えは「まったくの他業種」です。

たとえばPART3でご紹介したビンゴゲームは、ハンバーガーのチェーン店のイベントからヒントを得ました。近所のスーパーマーケットの唐揚げ詰め放題の様子を見て、自店のキャンペーンを思いついたこともあります。接客に至っては、旅行で泊まったリゾートホテルや高級レストラン、ディズニーランドなどを模範にすることも多くあります。

探そうと思えば身近なところにヒントはたくさん転がっています。そういったところで自分自身が客の立場として感動したことや驚かされたこと、魅了されたことなどを、アレンジして自店に取り込んでいくのです。

そのほうが同業を模倣するよりもはるかにヒントになる場合も多く、同業他店では行なっていないサービスを行なっていくことにより、あなたの店はオンリーワンの存在、無敵の店になっていくことでしょう。

誰があなたの店を判断するのか？

少し悲しいお話をします。

あなたの店が個人事業でなく会社形態だとすれば、「法人」つまり、あなたとは別の人格として社会に認知されることとなります。法人でなかったとしても、店として世の中に誕生した瞬間から、あなたの店は他人から見られ、評価され、判断される立場になるのです。

ときどき「安い値段で提供してたくさんのお客様に喜んでいただきたい。だから売上など気にしない」という人がいらっしゃいます。それは素晴らしい考えだと思います。でも実は、安くて喜んでいる人だけがあなたの店を判断する人ではありません。

あなたの店がよい店かどうか？　それは、悲しいことですが、中身ではなく外側で判

断されることのほうが多く、ほとんどの人は外側を見てあなたの店を判断します。

外側とは何でしょう。それはつまり「売上」です。

事実、銀行は店のよし悪しを数字（売上・利益）で判断します。どれだけお客様に喜んでいただいているかという、その中身ではなく、外に見える数字で判断するのです。黒字の店はよい店で、赤字の店はよくない店。何だか釈然としない非情な話ですが、それが現実です。

雨の日に傘を貸さない

銀行は、赤字の店にはなかなかお金を貸してくれません。

実際、大規模な災害時でも、前年の売上が赤字だったため融資を受けられないという店がいくつもありました。大変な時期なのに、苦しいときなのに、銀行は見向きもしてくれない。このままでは店がつぶれてしまう。そんな声をいくつも聞いてきました。

たしかに銀行からしてみれば、返済してもらえなければ不利益が生じてしまうので仕方ないことなのでしょう。今回のコロナ禍においては赤字でも通常より借りやすい状況ではあったようですし、持続化給付金に救われたという店もありましたが、いざというとき、店は売上によって判断されてしまうのだということ。
このことは肝に銘じておいたほうがいいでしょう。

敵を味方にする方法

目の前のお金がなければ店は続けられない。最悪つぶれてしまうかもしれない。これはPART3「スピード化」でも書きました。

いざという時、頼みの綱となり頼もしい味方となってくれるのが銀行なのですが、もしも融資が受けられなかったとしたら、まるで銀行が敵のように思えてしまうかもしれません（お世話になっている身からすれば、敵とはとても言えませんが……）。

では、どうすればその敵を味方に代えられるでしょうか。つまり、融資を受けやすくするにはどうすればいいのか。そのコツをお伝えしておきます。

実績を積む

銀行を味方にするために、とにかく大事なのは実績を積むことです。当然、店を最低限黒字にすることも大切です。決算上黒字にする（黒字に見せる）ことはそれほど難しいことではないですが（たとえば経費を計上しないなど）、税金との兼ね合いもあるのであまり妥当ではないでしょう。ただ、税金逃れのためにわざと赤字に見せるようなことはやめておいたほうがよいです。

やはり健全に、安売りし過ぎず顧客をつかみ、お客様に喜んでいただきながらコツコツと売上を上げていくのが賢明です。

実績という点でもうひとつ大事なのが「返済の実績」です。

たとえばクレジットカードでも、過去にカードをつくったことのないスーパーホワイトと呼ばれる人が審査に通りにくいように、銀行も、今まで借りた履歴のない人にはお金を貸してくれにくいという傾向があります。

無借金経営は素晴らしいことではありますが、今回のような非常時に、これまで無借金だったがゆえにお金を借りられなかった方もいらっしゃいました。

銀行からすると、たとえ黒字経営だったとしても、どんな人かわからない相手には貸しにくいものです。いざというときを考えると、少額でもいいので「借りて返す」という実績を積んでおくのがよいでしょう（私は定期的にお金を借りるようにしています）。

ただ、スーパーホワイトと同じで、開業したての方はなかなかお金を借りにくいものなので、創業融資に優しい日本政策金融公庫などからはじめていくといいと思います。

逆に、ブラックな業者から借りるのは危険な沼にハマるだけでなく、銀行からの信用も失うのでやめたほうがいいです。

借りやすいお金、借りにくいお金

また、同じ融資を受けるのでも、借りやすいお金と借りにくいお金があります。

売上が上がらず経営困難などときの「運転資金」は借りにくく、設備投資や事業拡大などのための「設備資金」は借りやすい傾向があります。

経営が苦しくなってから運転資金を求めるよりも、順調なうちに店舗がさらに発展するための設備資金として実績を積むのがよいでしょう。

銀行も心を持った「人」

しかし、そうは言っても、やはりお金というのは経営危機のときに必要なもの。いざというときに借りられるかどうかが重要なカギとなってきます。

そんなときに大切なのが、やはり「銀行の融資担当の方も人」なのだということです。

貸すかどうか、審査を通すかどうか、**判断するのは機械ではなく、「人」です。**その人から見て、貸す価値があるのかどうか。未来に投資する価値があるかどうか。**そこで見られるのもまた「あなたという人」です。**

たとえば、暗く落ち込んでいる人、先の見えない人にお金を貸そうとは思わないでしょう。自信のなさそうな人を信用しようとは思わないでしょう。

明るく、力強く、確かな計画性と未来のビジョンを見せること。それが大事です。

実は私も、オープン当初のつぶれる寸前だった頃、なかなか融資が受けられず苦しんでいました。何度も何度も銀行に出向き、土下座のようにして頭を下げ、お願いをしましたが、担当者は首を縦に振りませんでした。

そこで私が何をしたか？

大ウソをついたのです。

といっても、銀行の人をだましたわけではありません。誰かをうまく口車に乗せたのでもありません。


ウソをついた相手、それは「私自身」です。


大丈夫。絶対にうまくいく。この店は絶対に繁盛する。多くのお客様に喜ばれ、多くの人々を幸せにする。そんなサロンに絶対になれると、自分自身に大ウソをついて、事業計画書をつくりました。

根拠など何もない。でも自分を鼓舞し、叱咤するために自分自身をだまし未来を描くことで、それが銀行の方の心をも動かしたのです。

そして数ヶ月後、その大ウソはウソではなく、まぎれもない真実となったのです。

もっとも怖い敵がいる

無敵になるために、敵をなくして仲間になること。敵を味方に代える方法をお伝えしてきましたが、もうひとつ、恐ろしい敵がいます。もっとも怖い敵です。

鏡の中の悪魔

店を経営するうえで、いや生きていくうえで、もっとも恐ろしい敵はすぐ身近にいるのになかなか見つけられません。とても見つかりにくい場所に潜んでいるからです。

それを白日の下にさらし出す方法。それは、鏡を覗き込むことです。

鏡には何が映っているでしょうか。目の前には誰がいるでしょうか?

それがもっとも恐ろしい敵。そうです、「あなた自身」です。


困難に立ち向かうとき、苦難を乗り越えるとき、どこに進み何をするべきか、それを選び決断するのはあなた自身の心です。

どうなってしまうのか心配。うまくいくかどうか不安。自信がない。当然、そんな気持ちが立ちはだかることでしょう。

あるいは、面倒くさいとか、難しくてわからないとか、自分には無理とか、誰かに変に思われたらどうしようとか、さまざまなマイナスの感情が襲ってくるかもしれません。

人は本来、深層心理では安定を求め「変わりたくない」と思う生き物です。それは人が持つ生存本能なので悪いことでも何でもありません。

でもその思いのままではなかなか前に進むことはできません。

不安なのは皆同じです。

自信がないのも皆同じです

初めは誰もわからないことばかりです。

だから恐れることはありません。一歩前に踏み出すこと。自分を信じること。

自分自身という敵に打ち勝つには、自分自身の可能性を、未来を、とことん信じ抜くことが大切なのです。

あまり考えたくはないことですが、もしかしたら、必ずしも、何が何でも店を存続させることが正解ではないと思うときがくるかもしれません。

早いうちに、閉じるという選択をしたほうがよいこともあるかもしれません。

しかし、もしもそんなことがあったとしても、自分自身を信じていればきっと大丈夫。あなたの選んだ道。あなたが信じた道。次で必ず取り返すことはできるはずです。

あなたの未来を信じること。

これで、あなたのまわりの敵はすべていなくなりました。

PART 6

無類化・普遍化

時代に流されない店になる

「唯一無二」の本当の意味

どんな時代になろうとも、もちろん通常のときであっても、無類の存在というものは強いものです。無類とは、たぐいがないこと。比べるものがないこと。つまり唯一無二ということです。

「他の店との差別化を図る」などとも言いますが、どうすれば自店の差別化を図り、無類の存在になれるのでしょうか。

他にないものは需要がある

たとえば女性向けサロンばかりが立ち並ぶ中に、1店だけメンズサロンがあったら、当然需要はあることでしょう。大手ネットショップアマゾンやディズニーランドが大成功を収めたのも、当時ほかに同じようなサービスがなかったからとも言えると思います。

実は私は、かなりむかしに演劇をやっていたことがあります。有名な子役劇団の青年部にいたのですが、他の団員が一所懸命に売り込みをかけてもなかなか出演依頼が来ない中、なぜか私には、売り込みもしていないのにたくさん依頼が来ていたのです。「やっぱり、自分の演技力や存在感がずば抜けているんだろうな〜」と得意になっていたのですが、何のことはない。ただ同じ劇団の中に私ほど年をとった者がいなかったというだけのことだったのです。子役の中にオッサンただひとり。需要があったのですね。

私の例はあくまで笑い話ではありますが、ある意味いい事例かもしれません。そう、唯一無二というのは別に、特別優れている必要はないということです。

優れていなくても、他が持っていないものがあればよい。そう考えれば、無類の店になるハードルは幾分下がります。

唯一無二になる簡単な方法

では、店舗経営に置き換えてみるとどうでしょう。

前のPARTで書いた「他にはないオリジナルのメニュー」というのもそのひとつだと思います。また、あまりおすすめできない例ですが、「どこよりも安い」というのも、ある意味無類の部類に入るとは思います（安くしたほうがよいという意味ではありません）。

新しい商品や新しいメニューを取り入れるのも独自性や差別化にはつながると思いますが、いくら一所懸命新しいものを築いたとしても、やがてまわりの店もそれを取り入れはじめれば、いずれはどこにでもあるものとなり、唯一無二ではなくなってしまいます。先にあげたアマゾンも、今では同じようなサービスが増えはじめ、やや低迷しはじめているという話も聞きます。

そうならないために、常に唯一無二であるためには、常に最新の情報に目を向け、常に独自のものをつくり続け、常に最新のものや独自のものを提供し続ける必要があります。

急にハードルが高くなりました。

私のサロンでも、新しい商品を常にチェックし、オリジナルのキャンペーンの内容なども生み出し続ける努力をしてはいますが、正直大変なことは確かです。

では、絶対に他店が真似できない「唯一無二」とは何でしょうか。

それは、あなた自身。「あなたという人の魅力」です。

あなた自身の人としての魅力を追求し、お客様にお伝えすることで、あなたの店は、他に真似のできない唯一無二の存在になれるのです。

さらに、大きな店は設備やメニューに価値を求めていることが多く、スタッフという人間に焦点を合わせているところがほとんどありません。そういった意味でも、小さな店にとって「人の魅力」を伝えていくことは大きな武器になるのです。

変わらないもの・変わるもの

「さてと、読書でもしようか」

電車に乗り込み、座席に着いた後、邦雄は少しばかりウトウトしてしまっていたようだ。目的の駅までまだ時間があったので、カバンから本を取り出し読むことにした。ん？　向かいの席の人の視線がやけに気になる。なぜこちらを向いて怪訝な顔をしているのだろう？

それにしても車内がやけに静かだ。通勤帰りのサラリーマンも、高校生の集団も、誰ひとり話をしていない。あれ？　皆が手に持ってジッと見ている四角いテレビのようなものは何だろう。新型のウォークマンか？　何だか指で画面をこすっているぞ。

いや待て、それにしても皆、花粉の季節でもないのに何でマスクをしているんだ？あの人も、この人も、全員しているじゃないか！

ええっ？　オリンピック？　２０２０って⁇

吊り広告の日付を見て邦雄は驚愕した。少しウトウトしている間に、なぜか10年も時が経っていたようだ。そこにはまったく別の異世界が広がっていた。

「The Times They Are a-Changin」

世の中は常に変化しています。

集客は雑誌やチラシの紙媒体からウェブやスマホへと変わり、タブレットを用いてカウンセリングや予約管理をする。お会計さえもスマホでキャッシュレス。これだけを見ても、世の中はたった10年で別世界のようになっています（もしかしたら数年後には「えっスマホって何？」という時代になっているかもしれません）。

特にこの1～2年の状態など、数年前に誰が予想したことでしょう。今年までの常識が、来年には非常識になっているということも十分に考えられます。

社会情勢は目まぐるしく変わり、お客様の生活も一変します。当然、お客様の常識や求めるものも大きく変わっていくことでしょう。

少しウトウト目を閉じているうちに、まったくの異世界になっている。それはあながちフィクションではないかもしれません。
あなたはその変化を見逃すことなく、変化の波を乗りこなせるでしょうか？

一方、変化するものがある中で、決して移り行かないものもあります。どんなに時が経とうと色褪せないものもあります。店を経営していくうえで、時代という波に飲み込まれてしまいよう、まずは「変わるもの」と「変わらないもの」があるということを知っておくことが大切です。

進化とは？

人間はサルから進化した。それが真実かどうかはわかりませんが、長い歴史の中、地球上の生物は進化したものが生き残り、進化できない生物は滅びゆく運命をたどってきたと言われています。それは現代の店舗経営にも言えることかもしれません。

進化した店は生き残り、進化できない店は取り残される。

進化の本当の意味

では、進化とはいったい何でしょう。進化し続けることはとても難しいような気がします。でも進化とは、実はバージョンアップしてワンランク上の優れた存在になるということではなく、時代や環境に合わせて「変化・適応」することです。

進化とは、まわりの変化に適応していくこと。

時代や環境の変化に対して柔軟に対応し、変化できるものこそが生き残っていくことができるということなのです。

進化はどうやって起こるか？

しかし、前のPARTでも触れましたが、人というのは変化を恐れる生き物です。

失敗したらどうしようという恐れがブレーキをかけ、前に進むことを阻んでしまうことが多々あります。わからないことへの不安、苦手意識。

「パソコンは苦手だから……」

「弁当販売や通販なんてやったことないし……」

そんな言葉が出るのも当然です。

そんなときには、あることを知っておくと勇気が湧きます。それは、「生物の進化がどうやって起こるか？」ということ。

生物の進化はどのように起こるのか？

遺伝子レベルで見てみると、子孫を受け継ぐために遺伝子は自分とまったく同じコピーをつくって増えていくのですが、その際、一定の確率でコピーの失敗が起きているそうです。その失敗を「突然変異」と呼びます。

その突然変異した遺伝子が新しい環境に対応したとき、進化が起こるのだそうです。

進化とは、失敗から生まれる。

面白いですね。そうです。私たちの進化も失敗からつながっていくのです。

失敗は進化への第一歩。

失敗を恐れずに、進化を楽しんでいきましょう。

時代に流されない力

時代の変化に合わせて進化していくことが生き残ること。でも、それを意識し過ぎて時代に流されてしまったのでは意味がありません。

鰻屋がニーズに合わせて蕎麦を出す（わかります）。さらにラーメンや餃子もメニューに加えた（ちょっと鰻の価値が下がったような……）。ピザもケバブもありますよ！（何屋かわからなくなった）。カラオケもありますがいかがですか？（あああ……無念）。

このような店が本当にあるかどうかわかりませんが、変化するのはよいものの、あまりに形を変え過ぎると元の価値を下げてしまうこともあります。もしかしたらこれはこ

れでウケるのかもしれませんが、私ならきっと鰻が食べたくなったときは鰻だけの店を選ぶと思います。

変わるべきか、変わらぬべきか

もちろん、この例が悪いというわけではありません。オーナー自身が元から、「いろいろなことが楽しめるテーマパークのような鰻屋」を求めていたのだとしたら成功する可能性も高くなることでしょう。しかし、時代が変わったからと仕方なく取り組んだのだとしたら、その先は暗いかもしれません。

とはいえ、まったく変えないままでも店は行き詰まってしまいます。

変わるべきか、変わらぬべきか。どこまで変えるか、どのように変えるか。

きっと迷うことは多いと思います。そんなときは、もう一歩先を見ること。本来の「自分の目的」、「お店の原点」に立ち戻り、何のために変化するのかを明確にすることです。

目の前だけを見つめるのではなく、はるか先に焦点を合わせることによって、ブレずに進むことができるのです。

原動力はお客様

進むべき道がわからなくなってしまったとき、何のために店をやっているのかわからなくなってしまったとき。私は原点に還るようにしています。

お店の原点とは何か

お店にとっての原点とは。それは、目の前にいてくださる「お客様」です。

真夏の暑い中、雨の日も風の日も駅前でチラシを配り続け、それでも予約の入らなかった日々。

初めて予約が入ったときの喜び。

施術を受けて喜んでくださったお客様の心からの笑顔。

赤字が続き店をつぶそうと思ったとき、「この店がなくなったら困るわ」と、ポツリとつぶやいてくださった言葉。

「お客様の笑顔を見続けたい」と、がむしゃらになって走り続けた日々。

お客様の笑顔がなかったら、とっくに店を辞めていたことでしょう。

人生に何の価値も見い出せないまま、日々を何となく過ごしていたことでしょう。

お客様の喜ぶ顔に勇気をいただき、お客様の感謝の言葉が店を続けていく原動力になってきたのです。

だから、もしもあなたが道に迷ったときは、あなたも思い出してみてください。

何のために変わるのか？

何のために守るのか？

数が多いか少ないかが問題ではありません。あなたの目の前にも、最高のお客様がいてくださるではありませんか。

何が起きても、お客様が通いたいと思う店とは

私の店は、この15年間で大きく変化してきました。元は足つぼやアロマトリートメントなどのリラクゼーションサロン。施術後には料理も出していました。

オールハンドからはじまり、痩身やフェイシャルなどの美容系へと徐々に移行、機器を導入して、脱毛まで行なうようになっています。先ほどの鰻屋の例ではないですが、実はすごろくや福笑い、射的ゲームなど、およそエステとはほど遠いことも日々行なっています。

さらには、客単価にしても当初の12倍以上と、まったく別の店といってもいいほどの変わりようです。

でも、それでも15年、ずっと欠かさず通い続けてくださるお客様がいらっしゃいます。

形が変わっても、値段が変わっても、震災、コロナ、さまざまな壁が立ちはだかっても、それでもずっと通い続けてくださるお客様がいらっしゃる。

「どんなことがあっても、この店に通い続けたい」

そう思っていただけるのは本当にありがたい奇跡のようなことです。

もちろん、日々努力はしてきましたが、何か特別な能力があるとか、特別な魅力があるとか、特別なことをしてきたとか、そんなことではないような気がします。

私たちの目的は、お客様の疲れを取ったり、お客様を痩せさせたり、お客様のお肌をきれいにしたりすることではない。

もちろんそこに全力は尽くしていますが、本当の目的はそこではなく、

「疲れが取れたりきれいになったりすることで、お客様に幸せになっていただくこと」

「心からワクワクして笑顔になっていただくこと」

どんなに形が変わっても、そこだけは決して変わりません。
どんなことがあっても、お客様を幸せにしたいと思う心。
それこそが、「どんなことがあっても通い続けたい」とお客様に思っていただける
ただひとつの真実なのではないかと、今も思い続けています。

PART 7

客単価を10倍に上げてきた20の方法

客単価を上げた実例

新型コロナウイルス感染拡大の恐怖が広まりつつある中、感染リスクを抑えながら安心して店に通っていただくにはどうすればいいかを考えた末、私のサロンでは「お客様が重ならないよう、入客数を減らして営業する」ことに決めました。

とはいえ、入客を減らせば売上は下がってしまう。そこで売上を維持するために行なったのが「客単価を上げる」ということです。

この15年で客単価を12倍まで上げた私のサロンには、ざっと20個もの客単価アップ法があります（現在も客単価は上昇中）。その内容を一部、本書でもお伝えさせていただきます。

本題から若干逸れた内容であることと、ページ数の都合もあり、かなり端折った内容にはなりますが、詳しくお聴きになりたい方はセミナー動画もありますので、ご覧いただければ幸いです（１６７ページ）。

初級編

①　とりあえず高いメニューをつくる

もっとも簡単で手っ取り早いのが、今より高いメニューをつくってみるということ。たとえば通常のメニューが1万円だとしたら、2万円のメニューをつくってみる。それを購入される方が現われれば、その分単価が上がります。ただし、それに見合った付加価値を商品につけることが大事です。

②　松竹梅の価格設定にする

①の進化系です。メニューの価格帯が2種類（2段階）しかないと多くの人は安いほうを選びやすくなりますが、それを松竹梅のように3種類にすることで、不思議と真ん中を選ぶ人が増えていく傾向があります。多くの人がひとつ上のメニューを選ぶことで、全体の客単価も上がっていきます。

③　オプションメニューの追加

既存のメニューにプラスできるオプションメニューをつくる（ボディトリートメントにプラスするヘッドマッサージなど）。オプション自体は単価が低いためお客様も購入しやすく、それを購入される方がいらっしゃれば、その分単価が上がります。ただし、逆に客単価が下がるのを防ぐため、オプションのみでは受けられないようにするのもポイントです。

中級編

④ 回数券をつくる

3回券や10回券などの回数券（チケット）をつくって販売すれば、その回の客単価が一気に上がります。その後の消化のときには単価が下がりますが、物販を購入してくださりやすくなり、リピート率も上がるのでメリットは大です。実際、コロナ禍の客離れでもっとも明暗を分けたのが、回数券のある店とない店でした。

⑤ 物販

化粧品やサプリメントなど、サービスに関連した物販商品をご案内し販売します。もちろん強引に売れば客離れやクレームの元になることもありますが、しっかりと関係性を築いたうえでお悩みに寄り添って行なえば、逆にお客様は店のファンになり、リピート率も上がっていきます。ＰＯＰや会報誌を活用することで売れやすくなります。

⑥ 安いメニューをなくす

松竹梅の進化バージョンです。３段階のメニュー構成が定着し、真ん中のメニューを購入する方が増えてきたら、タイミングを見て、もうひとつ上の高いメニューをつくり、それと同時に一番安いメニューをなくします。安いメニューしか受けないお客様は離れていく可能性がありますが、顧客ピラミッドの法則により、それでも全体の売上はプラスになっていきます。

⑦ 10万円のメニューが飛ぶように売れた実例

私のサロンが10周年イベントで行なった「10万円福袋&１００万円福袋」のキャンペーン。１００万円の商品など、ほぼ誰も購入しませんが、あえてそれをつくることで、もうひとつの10万円福袋がお手頃に感じ、飛ぶように売れていきました。なお、今年15周年では、「15万円福袋&15万円引き福袋」というキャンペーンを開催し、45万円相当の商品を30万円で販売したところ、15万円よりも30万円の福袋のほうが多く売れています。

上級編

⑧ ネーミングにこだわってみる

「フェイシャル」「アロマボディ」など、ありふれた単純な名前ではなく、「小顔筋艶肌フェイシャル」「経絡リンパ深層筋アロマボディ」など、ネーミングを凝ってみるだけでも高級感が増し、価格を上げやすくなります。わかりやすく価値が伝わる名前にするのがコツです（もちろん内容のよさも伴わなければなりません）。

⑨ キャンペーンで客単価アップ

キャンペーン＝割引ではなく、ふだんは受けられないような珍しいメニューやお祭りのようなイベント性の高いものなど、いつもより高額なメニューを、期間限定＆人数限定で開催することにより、新しいものや珍しいものが好きな方の満足度アップやワクワク感につながります。形を変えて定期的に行なうことで、お客様の「飽き」防止にもつながります。これは、全員が受けなかったとしても決して失敗とはならない販促です。

⑩ 機器を導入する

世間一般の先入観として、「ハンドより機械のほうが高い」というイメージがあるため、価格を上げやすくなります。また、施術やスタッフ教育も楽になります。しかし、導入コストがかかるため、先行モニターキャンペーンなど、なるべく最短で機器代を回収できるような工夫も必要です。

⑪ カウンセリングを極める

「話す」よりも「聴く」、「理論」よりも「感情」、「御用聞き」よりも「ご提案」など、カウンセリングをするうえでのコツがいくつもあります。それを学び極めることで、お客様との信頼関係が増し、商品やチケットなどが売れるようになります。当然、単価だけでなくリピート率や来店頻度も向上していきます。

⑫ 高いと思わせない秘儀

お客様から率直に「高いわね」と言われると、断り文句だと思ってしまう方も多いですが、「高い＝買わない」というわけではありません。その理由が知りたい（伝わっていない）だけだということも多いのです。「高い」は実は褒め言葉。最初は高いと思っていたお客様も、価値や魅力が伝われば購入してくださることが多いからです。

⑬ 合わせ技でメニューや商品の価値を高める

「商品と施術の組み合わせ」や「オプションと施術の組み合わせ」など、セットメニューをつくってご案内する方法もあります。特に商品に関しては、今の時代、ネットを探せばおおよその相場がわかってしまい、もっと安いところがあればそこで購入する方もいるでしょう。その点、オリジナル手技に相場はないため、組み合わせることによって、他店と比べられない唯一の魅力的なメニューにすることができます。

⑭ 喜んで買っていただく心理テクニック

「大人気」「希少」などの魅力的な言葉を用いてお客様に興味を持っていただく。「試飲試食キャンペーン」などで実際に味わい、触れていただくことで商品のよさを知っていただく。それ以外にも、「効能」よりも「効果」をお伝えしたり「あなただけ」という特別感を持っていただいたり、喜んでいただく方法はたくさんあります。

番外編

⑮ 「売れない」は思い込み

人はどうしても売れなかったことばかりに目が行きがちですが、実はどんなに売れないと思っていても、買ってくださっている方が全体の2割はいるはずです（2－6－2の法則）。逆に、2割の買わない方もいますが、売れなかったことに目を向けるのでなく、買ってくださった方、喜んでくださった2割のお客様に目を向けることで、自信や勢いがつき、残りのお客様にも売れるようになっていきます。

⑯ お客様の財布をのぞかない

「このお客様はこの間、高い買い物をしたから今日は買わないだろうな」とか「給料日前だから買わないだろう」とか、勝手にお客様の懐を判断してはいけません。しっかりと価値が伝わっていれば買ってくださいますし、買わないと思い込むことで売れるものも売れなくなってしまいます。

⑰ 目標を分解する

「1ヶ月で100万円売り上げる」と大きな単位で目標を掲げるより、それを分解して3日で10万円、1日3万円など、細かい数字にすることで精神的なハードルが下がり、経過地点が見やすくなるため目標が達成しやすくなります。

⑱えこひいきする

前述した「2-8の法則」に則り、顧客ピラミッドの上位のお客様へのサービスを厚くし顧客満足度を上げることで、売上の7〜8割を占めるお客様の来店回数や購入割合が上がるため、それにともなって劇的に客単価も上がっていきます。

⑲喜び上手になる

お客様に何かをしていただいたときや商品を購入していただいたときなど、心からの笑顔で感謝や喜びを表現できる喜び上手な人になることです。そうするとお客様は「またしてあげたい」という気持ちや「返報性の法則」が働き、客単価にも影響を及ぼします。

⑳悪あがきをする

エジソンは数百回の失敗を繰り返したのではなく、数百回の「次につながる発見」を繰り返し、その結果成功したと言われています。多くの人は数回失敗しただけで効果がない、向いていないなどと諦めてしまいますが、諦めたらそこでおしまい。失敗しても少しやり方を変えて何度でもチャレンジすることも大切です。

以上、客単価を上げる20の方法を列挙しました。

私のサロンでの実際の例なので、他の業種の方には実践しにくいものもあるとは思いますが、少しアレンジしてみたり、できるものから実践してみたりして、あなたの店にも活かしていただければ幸いです。
※詳しいセミナー動画はこちらです→「とことん客単価アップ＆コロナ対策ＺＯＯＭセミナー」https://qr.paps.jp/AvdZ

20の方法　おまけ

なお、この一覧の中のひとつ「⑩機器を導入する」について、ＰＡＲＴ３のスピード化の話の中で「機器購入のリスクを減らすためにいかに早く回収するかを考え、ほとんどのものが、１週間から１ヶ月以内で回収できている」という話をしたので、ここで補足しておきます。

機器や新商品を導入する際は、最初の勢いをつける意味でも必ず「導入キャンペーン」を開催します。最初にお試しいただくために景品などをつけてお得に受けていただき、さらに、回数券も「導入特別価格」で販売します。

たとえば1００万円の機器だったとして、12万円の回数券を10万円で販売し、それを10名の方が購入してくだされば、それで大まかには回収できたことになります。

さらに、もし導入する資金自体が捻出できないという場合には、「先行予約キャンペーン」として、1ヶ月前からチケットのみをお得に販売します。

そうすれば導入前に回数券の売上が立つので、その売上を機器の購入にあてればよいのです。

PART 8

それでも危機はやってくる

数々のピンチをチャンスに変えた実例

安泰はない

開業から4年で売上7・5倍、10年で20倍。着実に成長を続けてきた私のサロン。再度言いますが、16年目を迎えた今、あらためて言えることがあります。

それは「経営に決して安泰はない」ということです。

どんなに成功したと思っても、必ずさらなる試練が訪れます。

そんなことを言うと、目の前が真っ暗になってしまう方もいるかもしれませんが、もうひとつ言える確実なこともあります。

「**それを乗り越えた先に、さらなる発展がある**」ということ。

私たちが知るべきは、安泰を得る方法や危機に遭わない方法ではなく、どんな危機が訪れてもそれを乗り越え、さらなる発展に変えていく方法だと私は思います。

本章では、その方法についてお伝えします。

震災

開業から4年、数々の困難を乗り越えてやっと軌道に乗ってきた2011年。初めての出版を間近に控え、準備を進めていた3月の昼下がりにそれは起こりました。

東日本大震災。

物不足、そして相次ぐキャンセル。照明や電気機器を消しての営業。

「それでも自分たちの店はまだマシだ」と、被災地への情報提供や寄付を続けながら過ごす日々。あのとき、お客様に送ったメールの「エステは贅沢などではなく、心のためになくてはならないものなのだ」という心の叫びは、逆にお客様との絆を深めたことを感じさせるものでした。

それからも、数々のトラブルや災難に遭いながらも、いつもお客様は私たちとともにいてくださいました。あの震災以降、お客様との絆は深くつながったままでした。

水害

やがてさらに店は発展し、ビルへの移転が実現した翌年の2019年。地域一帯を襲った台風19号の大雨は近隣の多摩川の橋を破壊すると共に、自店のビルの地下にも大量に流れ込みました。

幸い2階のサロン部分は無事だったため営業できたものの、水浸しになった地下には保険も下りず、家財や床など大きな被害をもたらしました。

「でも、かろうじて商品は無事だった」

地下に保管してあった数百万円分の商品は急遽場所を移動していたため難を逃れ、銀行からの災害融資が受けられたため、逆に手つかずになったままだった地下室の工事を進めることができました。

謎の奇病

時を同じくして、数年前から感じていた身体の痛みが、全身を蝕みはじめました。背中、首、肩、腰、両肘、両膝、すべての手指の付根と足の甲。走ることはもちろん、歩くことも、机に向かうことも、眠ることさえ痛みが邪魔をします。

内科、整骨院、リウマチ科、どこで診てもらっても血液も内臓も異常なしの原因不明。線維筋痛症ではないかとのことでステロイド剤の副作用に苦しむ日々。

あれが鬱というのかどうかはわかりませんが、脳に常に膜が張り、生きているのか死んでいるのかわからないような状態が1年以上続きました。

そして

それでも諦めることなく病院や治療院、整体院などをまわり続け、やっと少し快復に向かった2020年2月。

新型コロナウイルスが襲ってきました。

怖いのは実害よりも「ウワサ」

2021年8月現在、今なお収束の兆しを見せない新型コロナウイルス。

1918年・スペインかぜ、1968年・香港かぜ、1981年・HIV、1996

年・プリオン病、1997年・鳥インフルエンザ、2002年・SARS。

パンデミックと呼ばれる大災害は過去にも何度か襲ってきていますが、今回の新型コロナウイルスは、過去のものとは別の、もっと大きな恐怖をもたらしたと思います。

コロナ以上の伝染力

それは、ウイルスの感染力よりも大きく強力な伝染力を持つもの。何かというと、報道やSNSなどの「情報による恐怖心」です。


「トイレットペーパーの多くは中国で製造・輸出しているため不足する」

「コロナウイルスは26~27度のお湯を飲めば予防になる」

「東京が4月1日にロックダウンされるらしい」


などといったデマ情報の拡散をはじめ、必要以上に悪い情報ばかりが強調された報道。それがもたらした自粛警察などのトラブル、差別、暴力、買い占め等々。

情報による見えない恐怖心ばかりが先行し、全国のサロンの方々の状況を聞いても、感染者の少ない地方のほうがキャンセルや予約減などの被害が大きいという話を多く耳にしました。

誰もが簡単に情報を発信できる昨今、それが瞬く間に拡散していく状況の中、何が正しくて何が間違いなのか区別がつきにくくなっています。

災害が起きた場合でも、現状を冷静に把握したうえでしっかりと対策を行ない、私たちが恐怖心のワクチンや特効薬になれるよう努めていくことが大切なのではないでしょうか。

世論を見て慎重に動く

「大げさだ。まわりに誰も感染者はいないじゃないか」

正直、当初から私は、そんな目で報道や情報を見ていました。私は店舗の経営者ですし、経済を止めることの被害のほうが遥かに大きいではないかと、ずっと感じていたのです。

しかし当時、私はそれを口にすることはありませんでした。

風評被害

報道やウワサと現状とが大きく食い違っていると感じたとしても、実際にその通りだったとしても、それを真っ向から否定してしまったのでは、下手をすると風評被害に遭う恐れもあります。

さまざまな考えの方がいます。さまざまな価値観があります。自分と考えが違っていたとしても、誰かを否定すれば溝が生じ、争いが生まれることもあります。

私たちは客商売です。客商売をするうえで風評被害は大きなダメージに直結します。お客様やスタッフを守るために、自分の意見を押し通すことばかりを考えるのではなく、今の世の中の多数の考えはどうなのか、世論もしっかりと把握し、意見を発信するタイミングを考慮する必要もあります。

「営業するな！　不謹慎だ！　自粛しろ！」

そう騒がれていたあの頃から1年が過ぎ、予想通りに世間の考えも変わってきました。

先を見る目も必要です。私たちはそのときそのときにできることを、粛々と実行していくのみなのです。お客様やスタッフ、家族を守るために。

不平不満の言葉は自分に襲いかかる

「政府は何をやっているんだ！　決断が遅い！　このままじゃ店がつぶれる！」

そんな悲痛な叫びをいくつも聞いてきました。

声を上げなければ動かない。意見を伝えなければ変わらない。実際に、動きは遅いながらもそれで変わってきたことはあります。

動かせるもの・変えられるもの

ただ、叫ぶことですべてが動くとは限りません。むしろ自分で何とかしなければならないことのほうが圧倒的に多いものです。

国のせい、時代のせい、社会のせい、環境のせい。他人のせいにするのは簡単です。いや、正直そう思うこともたくさんあります。でも、それが真実だったとしても、他人のせいにすることでやる気がなくなり、力が発揮できなくなるというのもまた事実です。

以前、私の店に、ぜんぜん売上の上がらないスタッフがいました。

お客様に何かをおすすめしても断られる。なぜ断られたのか理由を聞いてみると、「お金がないとおっしゃっていました」「時間がないとおっしゃっていました」、毎回こんな返事が返ってきます。

もうひとり、入社後どんどん結果を出していったスタッフがいます。そのスタッフも最初は断られてばかりいましたが、理由を聞くといつもこう答えていました。

「私の伝え方がよくなかったのだと思います」「お客様のお悩みをしっかり聞き出すことができませんでした」。

確かに、お客様は本当にお金がなかったのかもしれません。時間がなかったのかもしれません。でも、そうだとしても、それは私たちに変えることはできません。唯一変えられるもの、それは自分の行動だけなのです。

正しいか正しくないか。そこにこだわるよりも、よりよい結果につながることに力を注いだほうが建設的だと思いませんか。

変えられるのは自分自身。

目の前に起こってしまった災難やまわりの対応に不平不満を言うよりも、それをプラスに捉え、自分にできることは何かを追求することで、それが行動の活力となり、新しいアイデアや希望を生み出すことにもつながるのです。

危機のときほど救いもある

震災、水害、ウイルス。自分だけでは避けようもない危機もときには訪れます。しかしまた、世の中を大きく巻き込む災害であるほど、そこに手を差し伸べる救いがあるのも確かです。救われないことだけでなく、救われることに耳を傾けるのも大切です。

水害時の災害融資

私のサロンがあるビルの地下が水害に遭った際、商品の被害はありませんでしたが、壁や床などがダメージを受けたため、修復の必要がありました。入っていた火災保険は水害が対象外のプランだったようで保険金は下りず、そこまで想定していなかった自分は反省して、今後のためにすぐに別の保険に入り直しました（年々、台風や雨の規模も大きくなっているので備えも必要です）。

保険が下りなかったため、そのときに活用したのが「災害融資」です。補助金や助成金とは違い、「融資（借金）」なのでもちろん返す必要はありますが、災害時の融資ということで、普通に借りるよりも金利や返済条件など有利なことが多いです。

詳しく知りたい方は、取引銀行の担当者に問い合わせてみるか、「災害融資」で検索してみるとよいでしょう。災害に遭った際には被害状況を写真に撮っておいて、役所の方に「り災証明書」をもらっておくと役立ちます。

コロナ特別貸付

コロナの際、実は私のサロンは最初、金銭面ではそれほど心配がなかったので何もしていなかったのですが、銀行の方から連絡をいただき、すぐに融資を実行していただきました。

PART5の無敵化のところで書いたように、ふだんからおつき合いをしておいたことで売上の3ヶ月分をスムーズかつ迅速に確保でき、精神的にもかなり余裕が持てました。

それ以外にも、以前に借りていたものを借り換えることで、無担保、実質無利子、返済猶予など、かなり資金繰りが楽になりました。

給付金、助成金、補助金

また、持続化給付金や休業協力金、スタッフの雇用調整助成金など、休業した際の売上額には満たなかったものの、物販による最低限の売上を確保しておいたことでかなりの足しになりました（補助金は時間的なロスを考え、申請していません）。

給付金と協力金支給額の設定については賛否ありますが、個人規模の店の方にとっては救われた方も多いのではないかと思います。

目の前の悲劇にショックを受けて頭を抱えるよりも、情報にアンテナを立て、状況を冷静に把握して、**受けられるものはフルに活用する**ようにしたほうがよいでしょう。

もちろん、給付金や助成金は一時的なものなので、今後コロナ禍が長引けばどうなるか保証はありません。そのために、この一時的なチャンスを今後にどう活かすか考えていく必要もあるでしょう（私は、給付金と協力金は、すべて今後のための設備や機器に使用しました）。

自分は経営者なのだという意識を持ち、常に前を見据えて進むことが大切です。

転んでもタダでは起きない

大規模な災害以外にも、経営していくうえでは大なり小なりいくつもの障壁や苦難は訪れるものです。そんな際にも、それを乗り越える力、むしろそれを逆に発展に変える力を持っておくとよいでしょう。

だまされた！　でも大逆転

むかしむかし、まだスマホもない頃、携帯電話用のモバイルサイトというのがあり、それをリースで申し込んだことがありました（本当はサイト制作のリースは違法です）。ところが、完成直後にそのサポート会社がつぶれ、メンテナンスさえもしてもらえない状態に……。モバイルサイトについているポイント機能があまりにも使えない内容で、サイトを使うことをやめようか、でもリース料を払い続けているのでもったいない。などと悩んだ挙句、そのポイント機能を使ってお客様にランキング形式で競い合っていただくという画期的なシステムを思いついたのです。

結果、それが大成功！　サイト制作料を1ヶ月で返してしまえるほどの売上アップへとつながったのでした。

駅から遠過ぎた！　でも大逆転

これはもう私の前著を読んでくださった方はご存じだと思いますが、私のサロンが最初にオープンした場所は、駅から徒歩30分。夏場はお客様がお帰りになる途中で熱中症にかかってしまうのではないかというほどの距離で、東京でこの立地は致命的です。

仕方なしに駅まで車で送迎をしてみたものの、反応はほとんどなし。

ところがある日、お客様のひと言をきっかけに、私のサロンを「送迎つきのお姫様気分のサロン」と打ち出してみたところ、これが他店との差別化につながり大ヒット！開業から移転までの12年間、お姫様気分の送迎は、ロズまりの代名詞にまでなったのでした。

浮き沈みの加速度

これらは私のサロンの失敗から逆転のほんの一例ですが、振り返ってみると、成功の数よりも失敗の数のほうが圧倒的に多いことがわかります。

もちろん、失敗だけで終わったこともあります。金額に換算すると損害額は2千万円くらいにはなるでしょう。でも、胸を張って言えるのは（あまり胸を張れることでもないですが）、その失敗があったからこそ今がある、ということです。


以前、何かの動画で見たことがあるのですが、普通のまっすぐなすべり台と上下に波打ったデコボコのすべり台、2台同時に並べて球を転がしたところ、デコボコのすべり台のほうが早くボールが転がったのです。

意外な結果でしたが、浮き沈みがあったほうが勢い（加速度）がつくというのは、経営にとても似ていると思いました。

失敗が多いということは、「それだけ意欲的に挑んだ」という証でもあります。その場でそれを逆転に変えられれば最高ですし、その場は失敗に終わり危機に陥ったとしても、その解決策を探して動くことは必ず今後の糧となっていきます。

転んでもただでは起きないという気持ちで、ピンチを逆にチャンスにする心構えで挑んでいけば必ず道は開けていくのです。

お客様が見ている場所

危機に面したときにどんな行動を取ったか。堂々と身構え、他人のせいにすることなく受け止め、冷静に解決することができたかどうか。それは自分自身だけの問題ではなく、お客様の目にも入ります。

もちろん、情報を発していなければ伝わることもないかもしれませんが、ブログやメール、SNSやニュースレターを通して、私たちの取った行動はお客様の目や耳から心へと入っていきます。

私は常々、自分の店はお客様にとって誇れる店でありたいと思っています。

「私が通っているサロンはこんなにも素晴らしいのよ」

「私が通っているサロンがこんな店でよかった」

お客様がどんな場所にいてもどんな状況であっても、誇り高く自慢に思える店であり続けたいと思っています。

「いつもこんな企画考えて、本当にすごいわね！」

新しいキャンペーンを開催したとき、お客様のこんな言葉が聞かれれば、私にとってそのキャンペーンは大成功です。販促としてキャンペーンそのもので売上がそれほど上がらなかったとしても、仮に赤字に終わったとしても、お客様にそう思っていただけたということは、ワクワクしていただけたと共に、お客様からのサロンへの誇りがひとつ増えたということ。「また来たい」「これからも通い続けたい」という思いが少し増えたということ。それは、その場の数字以上の価値を持つと思うからです。

「信頼」という言葉があります。

お客様は、信頼できる人の店に通いたいと思います。信頼できる人から物を買いたいと思います。信頼とは、信じて頼れること。お客様に通い続けていただくために、私たちは頼れる存在でなければなりません。

経営者としての毅然とした態度。

冷静な判断力。
勇気ある行動力。

お客様は、店のそんなところも見ています。
危機のときこそ、お客様は見てくださっています。
大変なときこそ、お客様は見守ってくださっているのです。

そこに人は集まってくる

あなたの勇気ある行動を見ているのは、お客様だけではありません。
スタッフも、まわりの人たちも、敵だと思っていた人さえも、あなたの取った行動に驚き、励まされ、勇気づけられ、その行動をたたえはじめます。

経営者として、リーダーとして、トップとして、あなたがどんな行動を取るか。
ひとりのときには涙を流してもいいのです。
愚痴をこぼしてもいいのです。
でも、人の前では、弱音や泣き言を吐くことなく笑って見せる。

判断力、決断力、行動力。

明るい場所には人が集まってきます。
力のある人に、人は集まってきます。

人の集まる場所には輪ができ、さらなる大きな力へと広がっていくのです。

それでも危機はやってくる。
それでもそれは力に変わる。

PART
9
これからの時代の心のあり方

ピンチはチャンス

「神は乗り越えられる試練しか与えない」

有名なドラマで言われていた言葉です。

それが真実なのかどうかはわかりませんが、どんなに困難だと思われることにも大抵は突破口があり、それを見つけられるかどうかがカギとなってきます。

分解して原因を追究する

ではどうすれば突破口が見つかるのか？

起こった出来事には必ず原因があります。結果を細かく分解し、一つひとつ確認し、検証すること。細かく分けれぱ分けるほど原因が見つけやすくなり、少ない労力で解決できるようになります。

たとえば掃除機が壊れたとき、まずはどこに異常があるのか順番に見てみます。吸い口に物が絡まっているのかもしれないし、ホースにゴミが詰まっているのかもしれない。フィルター、モーター、コードの断線、あるいはただのバッテリー切れやコンセントにプラグが挿さっていないだけかもしれません。

こうして一つひとつ確認しながら見ていけば原因が見つけやすく、ピンポイントで修理や部品交換ができるようになります。

またはグラスを割ってしまったとき、割れたものを元に戻すのは不可能です。でも、割れた原因を探っていけば、置く位置が悪いのか、グラスの材質が悪かったのか、床の素材を替えたほうがよいのかなど、今後に活かせる改善点が見つかるかもしれません。

何らかの災難に遭遇した場合も、その災難によって店が危機に陥ったのだと漠然と捉えるのでなく、危機に至った直接の原因を細かく分解して整理してみるのです。

入客が減ったため なのか、減った原因は何なのか、営業時間が短いためか、新規客か、常連様が離れたのか、来店頻度が下がったのか、それとも高い商品が売れなくなったのか。たくさんあげればあげるほどよいでしょう。そしてその原因に対し、何か対策が打てるかどうか一つひとつ考えていくのです。

入客減が原因なのだとすれば、客単価を上げる方法はないか、あるいは物販や通販に切り替えることはできないか、いっそのこと貸し切りにしてＶＩＰ待遇のサービスをしてみてはどうか、というような感じで、自由な発想でどんどんアイデアをふくらませていき、その中から実際にできることを検証していく。そうすればきっと、乗り越える術が見つかるはずです。

ピンチをチャンスに変えるには

もうひとつのポイント、これがとても重要なことなのですが、その対策を仕方なしにやるのではなく「チャンスだ」と捉えて行なうこと。

たとえば飲食店が自粛要請を受け弁当販売を余儀なくされた場合、「売上のために仕方なく」と思いながらやるのか、「弁当販売という新しい分野にチャレンジするチャンスだ！」と思いながらやるのでは、少なからず結果は変わってくることでしょう。

もちろんつらい状況の中、慣れないことに取り組むのはとても大変なことです。今まで順調にいっていたときのことを思い出し、涙が出ることもあるでしょう。でも中には、コロナを機に弁当のネット販売を開始したところ、全国から注文が入り、業績を伸ばした飲食店も存在します。

「大丈夫、きっとうまくいく」

「これはチャンスなんだ！」

そんな思いで強く取り組めば、道を開く大きな力を生み出します。

これからの時代、いつ何が起こるかわかりません。

何が起こっても焦ることなく、戸惑うことなく、細かく分解・分析する癖を身につけ、「チャンスだ」と自分に言い聞かせて取り組んでいくことが大切です。

それでもピンチはチャンス

「そんな簡単にはいかないよ」

そう思う方もきっといらっしゃるでしょう。改善策が見つからないことだってあります。つらくて、苦しくて、押しつぶされそうになってしまうこともあります。

そんなときにはどうすればいいでしょうか。

それでも「チャンスだ」と口に出してみることです。そのとき答えなど見えなくていい。何ひとつ糸口がなくてもいい。

「チャンスだ、チャンスだ、チャンスだ！」

何度も自分に言い聞かせてみる。言葉のパワーは偉大です。自分では信じられないような力がみなぎり、想像もつかないようなアイデアが湧いてくることもあります。

実は新型コロナが騒がれはじめた２０２０年の2月。先にも書きましたが、その直前まで私は原因不明の全身の痛みと薬の副作用で苦しんでいました。
苦しんで、苦しんで、それがやっと少し快復に向かったのが2月5日のこと。
その直後に新型コロナが襲ってきたのです。

「やっとよくなったのに……、なぜこんなに災難ばかりが……」
……とは、私は思いませんでした。

普通だったら、踏んだり蹴ったりだと絶望の淵に落とされていたかもしれません。
でもそのときの私は、ふとこう思ったのです。

「もしも病気が快復する前にコロナになっていたら、たぶん自分は終わっていただろう。すべてを投げ出していただろう。でも、本当に直前に、このタイミングで身体がよくなるなんて、これは奇跡だ！　きっと何か意味があるに違いない。これはチャンスだ。絶対にこれは大きなチャンスだ！」

そう思えた瞬間、すべてが変わりました。

今の自分にできることを積極的に探し、常に情報と状況を冷静に分析しながら店が何をするべきかを的確に指示し、この状況下でできることや有益な情報をＳＮＳで発信し続けたのです。

そして、ＰＡＲＴ７でもご紹介した「コロナ禍で負けないための客単価を上げる20の方法」を一気にまとめ上げ、「とことん客単価アップ＆コロナ対策ＺＯＯＭセミナー」として、不安に迷うサロンの方々に向け、オンラインセミナーを開催しました。

自店においては休業明けから前年売上超えを続け、過去最高記録も更新と、病気で苦しんでいたコロナ前からは考えられないほどの行動力でした。

「チャンスだ！」

私自身も、何度この言葉に救われたことでしょう。

何のために店を開いたか

今も引き出しの中に大切にしまってある宝物。それは開業当初の真っ白な予約表です。

お客様がまったく来ず、売上もなく、「いつ店をつぶそうか」と毎日毎日頭を抱えていたあの頃。何も書かれていない真っ白な予約表を呆然と眺めながら途方に暮れた日々。

あの日があったから、お客様の大切さを身に染みて感じられるようになりました。

お客様が来てくださるのは当たり前のことなどではなく、奇跡なのだと思えるようになりました。

だから予約の入らなかった日々は私の宝物なのです。

何のために店を開いたのだろう？

私の場合、そんなに立派な理由ではありませんでしたが、どうしても行き詰ったときはあなたも思い返してみるとよいと思います。

あなたの手で、技で、心で、何人のお客様を笑顔にしてきましたか？
いくつの宝物が、あなたの中にありますか？
もしもそれがなくってしまうとしたら……。

時代は変わります。世界は変わります。
でも、どんなにまわりが変わっても絶対に変わらないもの、それは、あなたが店を開いた「あの日」です。

あなたの原点に還る

これからの時代の心のあり方。

その答えは、あなたの中にあるのだと思います。

経営を続けていると、忙しさや苦難から本質を見失いそうになることがあります。うまくいかないときには自信をなくし、うまくいったら自惚れる。心は流されやすいものです。積み上がれば積み上がるほど崩れやすくもなる。

これ以上進めないと思ったとき、どうしても勇気が湧いてこないとき、そんなときには、あなたの原点に還ってみること。

あなたの人生の中での、もっとも勇気ある行動はなんでしょう？

それはもしかしたら、あなたが店をオープンしたことではないですか？

あなたはすでに、その一歩を成し遂げているのです。

それがあなたの原点。その勇気を思い出せばいい。

その先を見つめる

あなたの原点を思い出したら、今度はその目で未来を見てみましょう。

とはいえ、何年続くかわからない不安。経済危機。世界的な不況。そこにばかり目を向けていても気が滅入るばかりです。

だったらそれを飛び越えて、その先を見てみればいい。

すべてを乗り越えた先の明るい未来。

そこであなたはどうしていますか？
お客様はどうしていますか？

それが答えです。
そこに向かって歩いていけばいいのです。

Epilogue

今日がはじまり

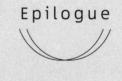

主人公はあなた

さて、長く書いてきた本書もいよいよ最後のPARTとなりました。

映画のエンドロールのように、最後は私からのメッセージをお伝えしながら終わりにしたいと思います。

あなたの店がこれからの時代を輝きながら乗り越えていけるように、心を込めて綴らせていただきます。

前述しましたが、私は4年間に及ぶ原因不明の病気と薬の副作用で、死んだような毎日を送っていました。

頭の中にモヤがかかり、毎日夢を見ているような状態。不思議な世界です。現実なのか夢なのかわからない。生きているのか死んでいるのかわからない。

もう一生、元の状態に戻れないのではないかと、人生すべてが終わってしまったかのように思うことも何度もありました。

でもその一方で、もうひとりの私が言うのです。

「治らないわけがない」「絶対によくなる」と。

だって自分の人生じゃないですか。

どんな未来を描いても自由だと思うのです。ハッピーエンドにしたいじゃないですか。自分の人生の中では自分が主人公なのですから。

そして、あなたの人生においては、主人公はあなた。

他の誰でもない「あなた」なのです。

人生という映画を楽しむ

あなたが主人公なのだとしたら、あなたの人生はひとつの映画のようなもので、あななたはその映画の監督でもあるわけです。どんなストーリーを描くのかは自由。

あなたがふだん映画を観るとき、主人公が危機に陥ってハラハラしたとしても、きっとそこにワクワク感も同時にあることでしょう。

なぜなら、主人公は必ず解決できると信じているから。

あなたの人生そのものも、同じようにワクワクしながら楽しめばいい。

試練や苦難も必ず乗り越えられるはずです。だってあなたが主人公で監督だから。

どっぷりとその世界にハマってしまうのではなく、少し離れた場所から客観的に自分を見てみる。

そこに大きなヒントや解決策がきっと見つかるはずです。

そして今日、すべてがはじまる

あきらめない限り、終わることはない。人生も店舗経営も同じです。
失敗したことを過去に戻ってやり直すことはできません。

でも、幸いなことに未来は過去の延長ではない。
そう、未来は「今」の延長なのです。

過去は変えられなくても今は変えられる。そして未来は変えられる。
さあ、今日、今このとき、すべてははじまるのです。

おわりに

最後までお読みいただき、ありがとうございました。
正直、私が今、健康に生きていて、今回の7冊目の著書を出させていただくことができたことに本当に感謝しかありません。

私事ばかりで恐縮ですが、私が経験した線維筋痛症であろう病気は、どの医療機関で診ても血液も内臓もまったく異常が見られません。外側はまったくの健康体。誰が見ても健康そのものなのに、連日連夜続く激しい全身の痛み。それ以外にも、関節痛、動悸、呼吸困難、めまい、耳鳴り、抑うつ症状、睡眠障害などなど。
痛みはまだしも、「誰にも理解されない」という症状が苦しみを倍増させました。

わかってもらえないというつらさや苦しみは、本書をお読みになった多くの方が抱える店の経営にも似ていると思います。

「毎日毎日頑張っているのに、お客様が増えていかない」
「歯を食いしばって努力しているのに、売上が上がらない」
「人生をかけて挑んでいるのに、赤字ばかりが続いている」
その頑張りや心の叫びは、誰にもわかってもらえません。理解してもらえません。

経営者は孤独です。愚痴も言えない。人のせいにもできない。どのような結果であろうと、そのすべては自分で受け止めなければなりません。その苦しみは自分にしかわかりません。

ただ、今回の経験も通して、それでも私が痛切に感じたこと、それは「どんなことにも必ず解決する道はある」ということです。

どんなことにも必ず原因があり、それを突き止め、一つひとつ解きほぐしていけば、必ず道は開けていきます。

自分にしかわからないなら、自分だけは自分を信じること。

私の苦しみなどちっぽけなものですが、その経験が誰かの役に立てるかもしれない。

そう信じることで前に進むことができました。

それと同時に、それでもやはり人はひとりではないのだと、自分が思うように動けなくなって改めて痛感しました。

発売から10年が経っても、今でも毎日のように届く読者の方からの温かいメールに、何度励まされたことか。

特に細かな指示を出さなくても、進んで接客に励みサロンを支えてくれたスタッフに、どれだけ助けられたことか。

なかなか筆が進まない私を、何度も温かく励まし見守ってくださった出版社の皆様。ご迷惑ばかりおかけしたのに完成を心から喜んでくださって、私にもまだやれることがあるのだと、生きる道があるのだと、どれだけの勇気をいただいたことか。

そして、妻とふたりの子どもへ。

仕事も思うように進まず、子育てもままならず、イライラして怒鳴ったり、小さな身体を抱きかかえることさえできなかったり。そんな毎日なのに部屋の中はいつも騒がしいほど賑やかで笑顔に溢れていて。

明るく育ってくれてありがとう。
健康に育ってくれてありがとう。
必死にサロンを支えながらも、そんな子どもに育ててくれてありがとう。

この家庭がなかったら、確実に私は負けていたと思います。
この家庭が私の生きる礎であり、未来への希望です。

最後に、答え合わせをします。

本書のタイトルは「揺るがない経営」です。「揺るぎない」ではなく、「揺るがない」となっています。どちらも同じような意味に感じますが、揺らいでいない様子を表わす形容詞の「揺るぎない」に対して、「揺るがない」は動作を表わす動詞。つまり、「揺るがせない」「揺るがないようにする」という意志や心が含まれています。

危機や困難を乗り越えるため、お客様の心をつかむため、店を発展させるため、テクニックや理論ももちろん大事ですが、最終的には「意志」や「心」が大切なのだということ。あなた自身の心によって未来は変わるのだということ。

揺るぎない店をつくるためには、揺るがない心が大切なのです。

それをお伝えして筆を置かせていただきます。

本当に最後までありがとうございました。

数ヶ月後、数年後、あなたの笑顔に出会えることを楽しみにしています。

2021年9月

向井邦雄

著者向井邦雄からのプレゼントとお知らせ

■ 本書をお読みいただいた方への特典ダウンロードページ（無料）
「緊急事態宣言時にお客様をつなぎ留めた『魂のメール』全文（2通）」
「最新版！　実際にサロンで使用した販促POP集2021（20種類）」

https://rising-rose.com/n/

■ 最新情報をお届け　向井邦雄メルマガ

https://rising-rose.com/m/

■ 向井邦雄セミナー情報

https://reservestock.jp/27260

■ とことん客単価アップ&コロナ対策　ZOOMセミナー動画

https://qr.paps.jp/AvdZ

■ **向井邦雄の既刊本**（いずれも同文舘出版）

エステ・アロマ・ネイルの癒しサロンをはじめよう
最新版 お客様がずっと通いたくなる
小さなサロンのつくり方　定価1,980円（税込）

もう集客で困らない！
お客様が10年通い続ける
小さなサロンのとっておきの販促　定価1,980円（税込）

リピート率9割を超える小さなサロンがしている
お客様がずっと通いたくなる
「極上の接客」　定価1,540円（税込）

著者略歴

向井邦雄（むかい　くにお）

一般社団法人日本サロンマネジメント協会　代表理事
株式会社ライジングローズ　代表取締役
サロン経営、講師、コンサルタント、NLPプラクティショナー

2006年、夫婦でエステサロン「ロズまり」を開く。未経験ながらも、4年で売上7.5倍、10年で20.1倍、リピート率98%、コロナ禍においても売上記録を更新し続けるなど、揺らぐことのない右肩上がりの経営を続けている。2011年4月、そのノウハウを余すことなく記した処女作『お客様がずっと通いたくなる小さなサロンのつくり方』がネット書店アマゾンでビジネス書部門1位、増刷19刷（2018年刊行の最新版でさらに6刷）のロングセラーとなる。2013年12月に刊行した2冊目の著書『お客様がずっと通いたくなる「極上の接客」』も15刷を超える。他に『お客様が10年通い続ける小さなサロンのとっておきの販促』（共に同文舘出版）などの著書がある。
現在は、カウンセリングの認定資格講座「フェイシャルカウンセラー認定資格講座」や「小顔筋艶肌フェイシャル技術講習」、「サロン経営者向けのNLP講習」、経営セミナー等で、1500以上ものサロンさんを支援し、日本中を奔走している。

リピート率9割を超える小さなサロンが贈る
どんな時代にもお客様の心をつかむ「揺るがない経営」

2021年9月30日　初版発行

著　者 —— 向井邦雄

発行者 —— 中島治久

発行所 —— 同文舘出版株式会社

東京都千代田区神田神保町1-41　〒101-0051
電話　営業03（3294）1801　編集03（3294）1802
振替00100-8-42935
http://www.dobunkan.co.jp/

ISBN978-4-495-54097-5

印刷／製本：萩原印刷

Printed in Japan 2021